# 70er Jahre

**DAS JAHRZEHNT IN BILDERN**

James Lescott

# 70er Jahre

## DAS JAHRZEHNT IN BILDERN

Parragon
Bath · New York · Singapore · Hong Kong · Cologne · Delhi · Melbourne

Entwurf und Realisation: Endeavour London Ltd.
21–31 Woodfield Road
London W9 2BA

Unser Dank gilt dem Team von Endeavour London Ltd. – Jennifer Jeffrey, Kate Pink, Franziska Payer-Crockett und Liz Ihre.





Parragon Books Ltd
Queen Street House
4 Queen Street
Bath BA1 1HE, UK

Übersetzung aus dem Englischen:
Heinrich Degen, München
Lektorat & Projektmanagement:
Nazire Ergün, Köln
Koordination:
trans texas publishing, Köln

ISBN 978-1-4075-2124-4

Printed in China

**Frontispiz**

David Bowie tritt 1973 als sein Alter Ego Ziggy Stardust auf.

**Seite 7**

Palästinensische Untergrundkämpfer auf Patrouillefahrt in den Straßen von Amman, 4. September 1970. Der Bürgerkrieg zwischen der jordanischen Armee und bewaffneten Palästinensergruppen brach nach der Niederlage Jordaniens im Krieg mit Israel aus.

Alle Abbildungen mit freundlicher Genehmigung von Getty Images und den Fotografen, die Getty Images vertritt:

20th Century Fox: 24–25, 44, 183; ABC: 73; Agence France Presse: 18, 31, 60, 67(u), 75, 84–86, 90–91, 94(o), 99, 108, 123–125, 130–134, 142–143, 158, 160, 161(u), 165, 175, 197(u), 198–199, 207–208(o), 217, 222, 226(o), 227–228, 235, 241–242, 246–247; Allied Artists: 98; Cinema Center Films: 26(u); Columbia Pictures: 205; Liaison/Dirck Halstead: 56; NASA: 28–29, 80–83, 141; Paramount: 26(o), 126–127, 202; Roger Viollet: 135, 162, 212–213; Tim Graham Photo Library: 193; Time & Life Pictures: 10(o), 12, 14–15, 28, 38–39, 45, 54–55, 61, 65, 73, 78, 80, 82–83, 88, 101, 103–105, 141, 170, 178, 196–197(o), 200, 204, 218–219, 223, 226(u), 230–233, 253–254; United Artists: 72, 182, 203; Universal Pictures: 99

# Inhalt

# Vorwort

Manche Zeitalter gewinnen eine ganz eigene Identität. Die Swinging Sixties, die durchaus auch unter politischen Aspekten denkwürdig sind, machten als Zeit der sexuellen Befreiung und der gewagten Mode Geschichte. Andere Epochen der Geschichte wiederum haben keine klare Identität und lassen sich nicht ohne Weiteres mit einem Etikett versehen.

Die 1970er-Jahre waren im Grunde eine Zeit, in der die Dynamik der 1960er nachließ und Millionen von Träumern unsanft in die Realität zurückgeholt wurden. Der Krieg blieb ein bestimmendes Thema: In Vietnam endete er, im Nahen Osten brach er wiederholt aus, in Bangladesch schuf er einen neuen Staat, im Libanon zerriss er einen Staat, und in Biafra zerstörte er die Hoffnungen des Landes. In Griechenland, Argentinien und Chile gab es Regimewechsel, und in Spanien endete Francos autoritäre Herrschaft.

Ayatollah Khomeini lebte viele Jahre im Exil, bevor er 1979 nach der Vertreibung des Schahs in den Iran zurückkehrte. Die Kämpfe in Rhodesien wurden heftiger, und 1979 entstand der neue Staat Simbabwe. Sowjetische Truppen marschierten in Afghanistan ein. Und fast in allen diesen Ereignissen lag der Keim für schwerwiegende zukünftige Konflikte.

Terroristen wie Andreas Baader, Ulrike Meinhof, Leila Chalid, Patty Hearst und die Roten Brigaden wurden berühmt und fanden Sympathisanten. Mit verschärften Gesetzen reagierte man auf reale oder vermeintliche Bedrohungen, in fast allen westlichen Ländern kam es zu tödlicher Gewalt auf Straßen und Universitätsgeländen. In den Werften von Danzig, in Bogside und Derry, in Soweto und am Wounded Knee manifestierte sich ein gewaltsamer Unmut. CS-Gas und Gummigeschosse kamen zum Einsatz.

Einige Musikgrößen, Hendrix, Joplin und Presley, absolvierten ihre letzten Auftritte, sie wurden Opfer ihres jahrelangen Drogenkonsums. Doch die Show ging weiter, neue Superstars wie Bowie, Springsteen, Led Zeppelin und die Bee Gees traten an die Stelle der alten. Die Filmindustrie verdiente sich eine goldene Nase mit einer Serie von Blockbustern und Horrorfilmen wie *Der Pate – Teil 1* und *2*, *Das Omen*, *Der weiße Hai*, *Krieg der Sterne* und *Der Exorzist*.

Und die Volksrepublik China trat endlich offiziell den Vereinten Nationen bei.

Ein gutes Karma und große Gurus konnten nicht verhindern, dass die **Beatles** 1970 getrennte Wege gingen. Treue Fans und Pop Puristen machten Yoko Ono dafür verantwortlich. (*Links*) Paul und Linda McCartney stechen Torf und atmen die klare Luft am Mull of Kintyre, Januar 1970. (*Rechts*) John Lennon trägt Yoko durch den Schnee in Nordjütland.

Architekten der Black-Power-Bewegung in den 1970ern. (*Oben*) **David Hilliard** geht mit Jean Genet (ganz links) an einem Spalier von Nationalgardisten vorbei zu einem Studentenkongress an der Yale University, Mai 1970. (*Rechts*) **Angela Davis**, Assistenzprofessorin für Philosophie an der University of California, wird wegen Mordes und Entführung in New York verhaftet, Oktober 1970. (*Ganz rechts*) Angela Davis, Mitglied von Black Panther, August 1970.

13 Monate nach ihrem Protest beim Parteikonvent der Demokraten 1968 kommen die Chicago Eight vor Gericht. (*Links*) **Abbie Hoffman** auf einer Versammlung der Black Panther, Mai 1970. (*Rechts*) **Jerry Rubin**, mit Peter Fonda im Hintergrund, bei einer Aktion „Senators for Peace" im Madison Square Garden, März 1970.

Am 4. Mai 1970 versammelten sich Studenten an der **Kent State University** in Ohio, um gegen die Eskalation des Vietnamkrieges und die Ausweitung auf Kambodscha zu demonstrieren. Die Nationalgarde (*oben*) wurde eingesetzt. Die Studenten bewarfen sie mit Steinen.

Die Nationalgarde eröffnete das Feuer. (*Oben*) Mary Ann Vecchio kniet bei der Leiche von **Jeffrey Glenn Miller**, einem von vier getöteten Studenten. Ronald Reagan sprach von Campusunruhen und sagte: „Wenn ein Blutbad erforderlich sein sollte, dann bringen wir es hinter uns."

Das **Popfestival** auf der britischen Isle of Wight an einem Feiertag im August endete mit finanziellen Verlusten, weil viele der 600 000 Besucher keinen Eintritt zahlten. (*Links* und *oben*) Menschenmassen versammeln sich bei der East Afton Farm. (*Rechts*) **Jimi Hendrix** bei seinem letzten Auftritt, er starb einen Monat später.

Im September 1970 sprengte die **PLO** vier Flugzeuge, die sie entführt hatte, um die Freilassung inhaftierter Mitglieder zu erpressen. (*Oben*) Eine zerstörte VC-10 in Amman. (*Links*) Leila Khaled, deren Versuch, eine fünfte Maschine zu entführen, scheiterte.

Als am 10. November 1970 die Nachricht vom **Tod Charles de Gaulles** (*links*) verkündet wurde, erklärte Georges Pompidou: „Frankreich ist verwitwet.“ Mehr als 40 000 Menschen kamen zur Beerdigung des Generals nach Colombey-les-deux-Églises, Haute-Marne (*rechts*), um dem Mann die letzte Ehre zu erweisen, der sich selbst immer als Retter Frankreichs dargestellt hatte.

Als 1970 der Mini nicht mehr kürzer werden konnte, entschieden die Modehäuser, dass die Zeit des **Maxi-Looks** gekommen sei. (*Links*) Dior zeigt in London schwarz-weiße Wollmäntel mit Schlangenlederhüten, März 1970. (*Rechts*) **Shirley Bassey** mit Hut und Mantel aus weißem Nerz und einem Aston Martin DBS, 6. November 1970.

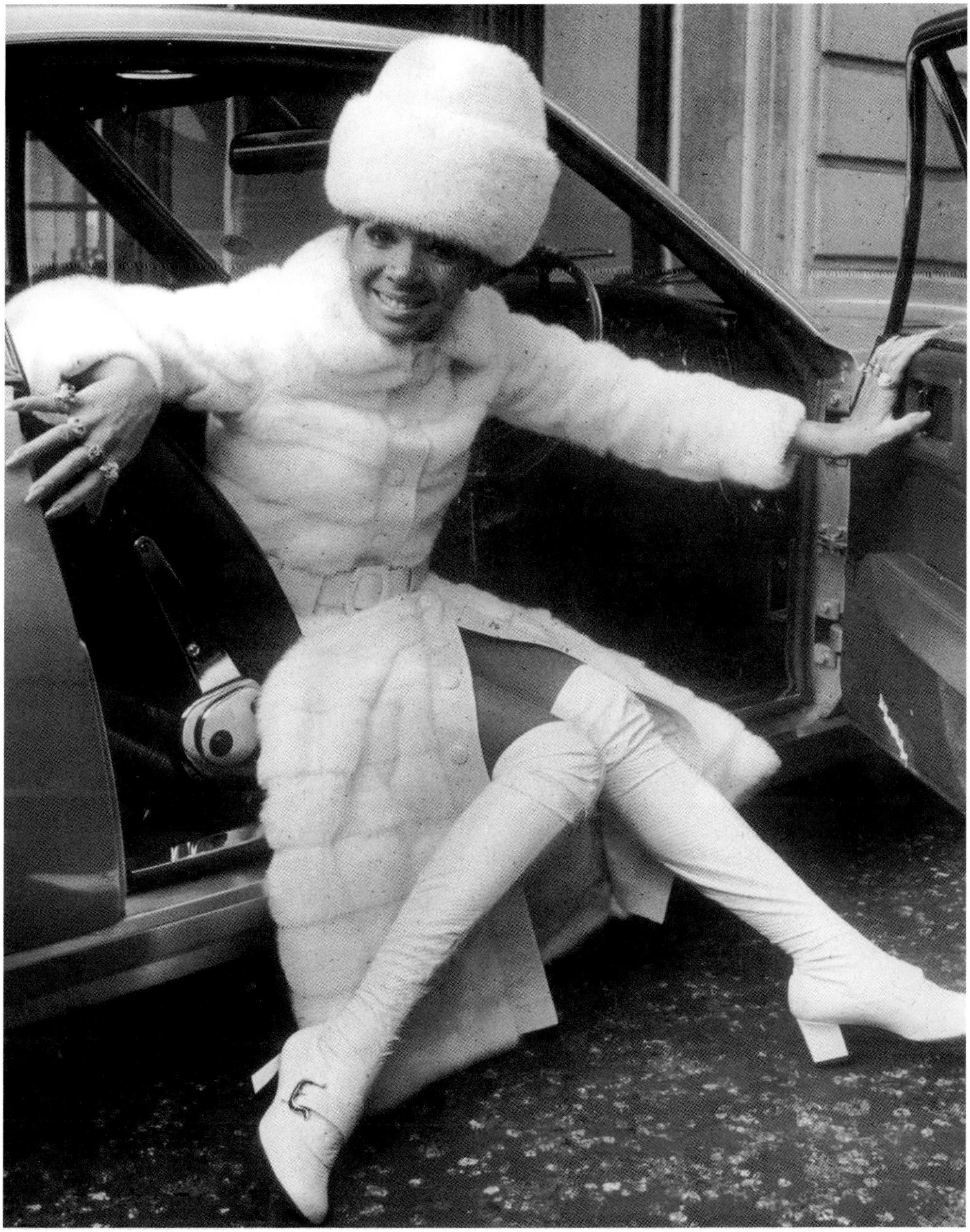

Der Film ***Myra Breckinridge*** mit Raquel Welch (*links*) wollte 1970 schockieren, war aber nur enttäuschend. *Time* urteilte: „Ungefähr so witzig wie ein Kinderschänder." ***Patton – Rebell in Uniform*** gewann immerhin Oscars als bester Film, für Regie und Drehbuch und George C. Scott (*oben*) als bester Hauptdarsteller.

Steve McQueen lieferte mit ***Le Mans*** (*ganz rechts*) einen überzeugenden Rennfahrerfilm. ***Love Story*** mit Ali MacGraw und Ryan O'Neal (*oben*), einer anrührenden Liebesgeschichte, verdanken wir den Satz: „Liebe bedeutet, niemals um Verzeihung bitten zu müssen." ***Little Big Man*** mit Dustin Hoffman (*rechts*) war vollgepackt mit Blut, Botschaften und beißender Schärfe.

FUMER
PROTO
CIBIÉ
team Gulf
Gulf
Gulf

31

Zwei Jahre nach den ersten Schritten kam die erste Fahrt auf dem Mond. Astronauten der **Mission Apollo 15** *(ganz links)* erkundeten 13 Quadratkilometer mit ihrem Lunar Roving Vehicle. *(Oben)* Kommandeur David Scott kommt mit Gesteinsproben zurück, 1. August 1971. *(Links)* James Irwin vor der Mondlandefähre Falcon.

Im Herbst 1971 verließ **Kaiser Hirohito** als erster japanischer Herrscher seit 2000 Jahren sein Land. Sein Besuch in sieben westlichen Ländern war eine Geste der Wiedergutmachung für die Ereignisse von 1941. (*Oben*) Hirohito und Königin Elisabeth II. auf dem Weg in den Buckingham-Palast, 4. Oktober.

General **Idi Amin Dada** putschte sich im Januar 1971 in Uganda an die Macht, während sich Premier Milton Obote im Ausland aufhielt. (*Oben*) In den prächtigen Räumen des Élysée-Palastes: Amin (links) auf Staatsbesuch bei Präsident Pompidou, 16. September 1971.

Die **IRA** weitete ihre Terrorkampagne in den 1970ern aus. Eines ihrer Ziele war der Post Office Tower in der Tottenham Court Road, das höchste Gebäude Londons. (*Oben*) Die Bombe riss ein klaffendes Loch in den Turm, 31. Oktober. (*Rechts*) Die Schäden an dem Drehrestaurant werden begutachtet, das Restaurant wird nie mehr für das Publikum geöffnet.

Die Teilung des indischen Subkontinents war 1947 überhastet erfolgt. Anfang der 1970er nahmen Bestrebungen, in Ostpakistan einen unabhängigen Staat **Bangladesch** zu schaffen, eine gewalttätige Dynamik an. (*Oben*) Indische Mukti-Bahini-Kämpfer bereiten die Exekution von Männern vor, die mit der pakistanischen Armee kollaborierten. (*Rechts*) Die Leichen von Kollaborateuren auf den Gleisen bei der Station Jhihargachi.

1971 eröffnete **Andy Warhol** eine Video Factory, inszenierte ein Bühnenstück, malte Porträts und besuchte die Deutschlandpremiere seines Films *Trash*: (*links*) mit den Darstellern Joe Dallesandro und Jane Forth. (*Oben*) Warhols *The Most Wanted Men*, ausgestellt in der Londoner Tate Gallery, Februar 1971.

(*Oben*) Die Erhabenheit des Broadways: Jeff Fenholt in der Titelrolle von ***Jesus Christ Superstar***, Oktober 1971. (*Rechts*) Ein Riesenspektakel: Aufmarsch des Personals vor der Eröffnung von **Disney World** in Orlando, Florida.

# 1971

Modekontraste. (*Links*) John Milman, Kandidat der Konservativen, mit einem Dutzend Wahlhelferinnen in **Hotpants**. (*Oben*) Lesley Hornby, besser bekannt als Twiggy, posiert in den weiten **„Oxford Bags"**, die sie in Ken Russells Film *The Boyfriend* trug, 26. April 1971.

Der Tiger kommt in die Stadt. (*Oben*) Der Eingang der Boutique **Tyger Tyger** in der Kensington Church Street in London, 2. September 1971. (*Rechts*) Ein **Tigerbaby** und eine Stewardess werben für die neue Uniform der National Airlines, 16. März 1971.

Durchsetzung des Gesetzes auf die harte Tour. (*Links*) Gene Hackman als Popeye Doyle in ***French Connection – Brennpunkt Brooklyn*** von William Friedkin. (*Rechts*) Clint Eastwood als Harry Callahan in Don Siegels ***Dirty Harry***. Ihr Erfolg löste eine Welle von Filmen mit „schmutzigen Cops" aus.

Die britische Armee war zunächst von den Katholiken in Nordirland als Retter begrüßt worden, doch 1971 wurde das Wohlwollen beider Seiten auf eine harte Probe gestellt. Im Februar wurde der erste britische Soldat getötet. Weitere 41 starben bis zum Jahresende, und 1972 waren es sogar 64. Angesichts dieser Gewalteskalation brachte der nordirische Premierminister Brian Faulkner die britische Regierung dazu, einer Internment-Politik zuzustimmen, die Internierungen auf Verdacht zuließ. Am 9. August wurden 300 Menschen verhaftet. In den republikanischen Vierteln von Belfast, Derry und Newry kam es zu Unruhen. Das Töten ging weiter. Am 7. September war der 100. getötete Zivilist zu beklagen. Und dann kam der Bloody Sunday (Blutsonntag).

**(*Links*) Britische Soldaten in Belfast, drei Tage nach Einführung der Internierungsverordnung. (*Oben*) Ein toter RUC-Offizier, zusammengesunken in seinem von Kugeln durchsiebten Auto, 16. Oktober 1971.**

**Das Leben geht weiter. (*Oben*) Ein Soldat der Scots Greys, Belfast, 20. April 1971. (*Rechts*) Acht Monate später: Kinder entzünden ein Feuer und verspotten Soldaten und Reporter, 7. Dezember. (*Unten*) Ein gepanzertes Fahrzeug bringt einen britischen Soldaten und seine katholische Braut zu ihrer Hochzeitsfeier, 3. Dezember 1971.**

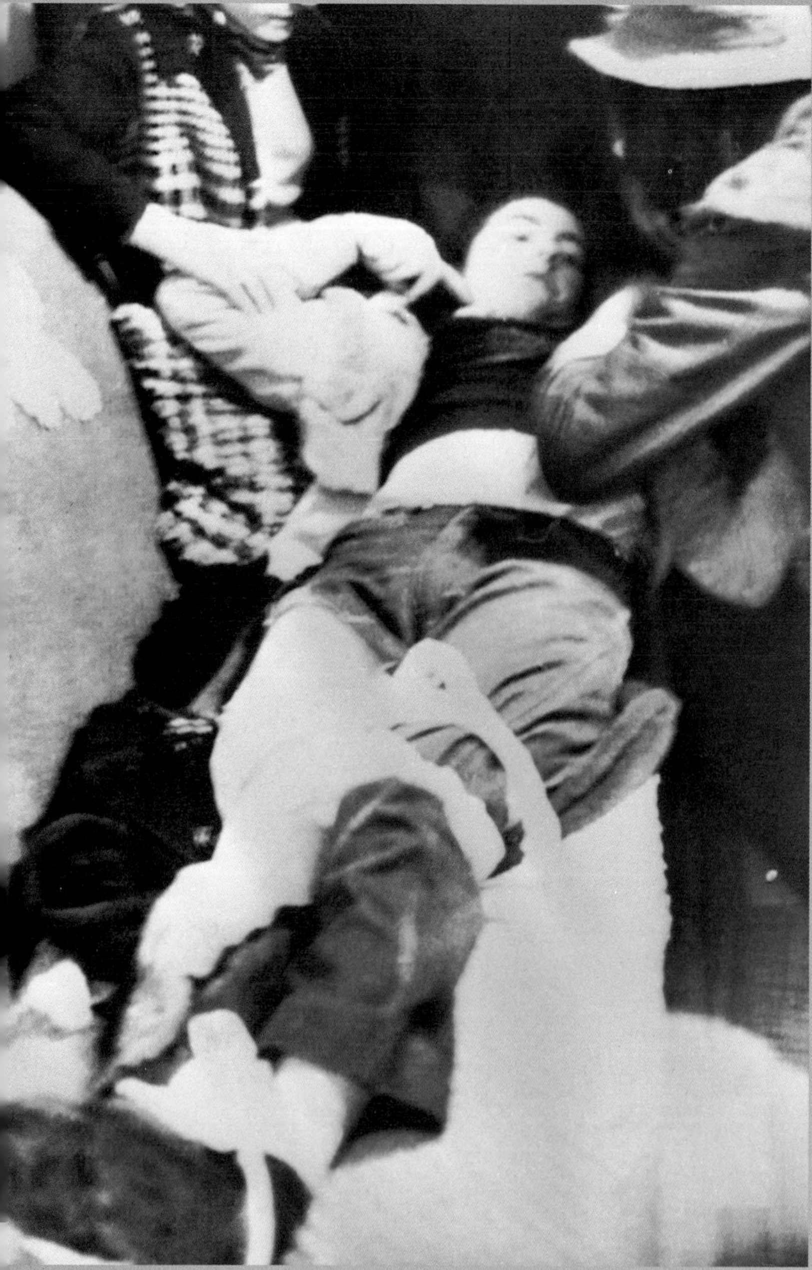

(*Links*) Ein Opfer des Massakers am Bloody Sunday in Derry, 30. Januar 1972. Britische Fallschirmjäger töteten 13 Zivilisten und verletzten viele Teilnehmer einer Bürgerrechtsdemonstration.

**Der Bloody Sunday war tragisch, erwies sich für die republikanische Sache aber als propagandistisch gut verwertbares Ereignis. (*Links*) Fallschirmjäger bedrohen demonstrierende Bürgerrechtler. (*Oben*) Angehörige eines Opfers des Massakers bei der Beerdigung, 8. Februar 1972.**

Die **Queen Elizabeth**, das Flaggschiff der Reederei Cunard, war 1938 vom Stapel gelaufen und diente im Zweiten Weltkrieg als Truppentransporter. Nach 25 Jahren als Kreuzfahrtschiff und Transatlantikliner wurde 1969 daraus eine schwimmende Universität im Hafen von Hongkong. (*Links*) Die Queen Elizabeth wird durch einen Brand zerstört, Hongkong, 9. Januar 1972.

Im Februar 1972 hält sich US-Präsident Nixon eine Woche lang in **China** auf. Mit Premierminister Zhou Enlai diskutiert er 15 Stunden über Taiwan, Korea und andere Probleme. (*Oben*, von links nach rechts) Zhou Enlai, eine Dolmetscherin, Mao Zedong, Nixon und sein Sicherheitsberater Henry Kissinger. (*Links*) Richard und Pat Nixon besichtigen die Chinesische Mauer. (*Rechts*) Bei diesem Bankett betrachtet Nixon etwas skeptisch die gereichten Speisen.

Im Mai 1972 war Nixon in Moskau, um zusammen mit dem Sowjetführer Leonid Breschnew den **ABM-Vertrag** zu unterzeichnen, der das nukleare Raketenarsenal beider Länder begrenzte. (*Rechts*) Breschnew (rechts, sitzend) beobachtet Nixon beim Unterschreiben des Vertrages. Hinter Nixon steht Henry Kissinger (Zweiter von links, stehend). Die beiden Staatsführer erklärten sich bereit, ihr Möglichstes zu tun, um „militärische Konfrontationen“ zu vermeiden.

Obwohl es internationale Friedensgespräche gab, ging der Krieg in Vietnam weiter, und die Opposition dagegen wuchs. (*Rechts*) Einige der 30 000 Demonstranten eines Protestzuges in New York, 27. April 1972. (*Oben*) **Kriegsgegner** verbrennen ihre Einberufungsbescheide. (*Links*) Die Polizei löst eine Demonstration beim Kapitol in Washington DC auf, 25. Mai.

Das Töten und Verstümmeln ging weiter. (*Rechts*) Ein **südvietnamesischer Bauer** und sein Baby, verwundet bei einem Artillerieangriff der Nordvietnamesen in der Provinz Quang Tri, April 1972. (*Oben*) „Hanoi-Jane", die US-Schauspielerin und Antikriegsaktivistin **Jane Fonda** spricht in Hanoi mit dem nordvietnamesischen Vizepremier Nguyen Duy Trinh, 21. Juli 1972.

Ein großer Medienrummel begleitete 1972 das Finale der **Schachweltmeisterschaft**, das von Boris Spasski aus der UdSSR (*links*) und Bobby Fischer aus den USA mit der gleichen Intensität wie der Kalte Krieg ausgefochten wurde. (*Oben*) Fischer, der spätere Sieger, bei der Ankunft zum dritten Match im Nationaltheater in Reykjavik, Island, 17. Juli 1972.

Stars der **Olympiade 1972** in München. Mark Spitz (*oben*) holte sich sieben Goldmedaillen, drei in Mannschafts- und vier in Einzeldisziplinen über 100 und 200 m Schmetterlings- und Freistil. Lasse Viren aus Finnland (*rechts*) gewann Gold über 5000 und 10 000 m und brach dabei Olympia- und Weltrekorde. Der Liebling der Spiele war die Sowjetturnerin Olga Korbut (*ganz rechts*), die drei Goldmedaillen gewann.

Am 5. September töteten Terroristen der **Organisation Schwarzer September** zwei israelische Athleten und nahmen neun weitere Israelis als Geiseln. Alle kamen später bei der chaotischen Schießerei auf dem Flugplatz Fürstenfeldbruck ums Leben. (*Oben*) Ein deutscher Funktionär versucht, mit den Terroristen zu verhandeln. (*Rechts*) Das israelische Olympiateam beim Abflug aus München, 7. September. (*Links*) Israelis trauern um die heimgekehrten Toten.

1972 traf der Terror von **General Idi Amin Dada** (*rechts*) die Einwohner Ugandas asiatischer Abstammung. Sie wurden scharenweise aus dem Land vertrieben. (*Oben*) Einige der insgesamt 30 000 Flüchtlinge, die nach England kamen, bei der Ankunft am Stansted Airport, 18. September 1972.

Popstars mit Zylinder. (*Ganz links*) **Alice Cooper** hatte mit *School's Out* 1972 einen großen Hit. (*Oben*) Mickey Finn (links) und Marc Bolan von der Glam-Rock-Band **T. Rex** zur Zeit ihres Albums *Electric Warrior* und der Single *Metal Guru*. (*Links*) Noddy Holder, Leadsänger von **Slade**, im Wembley-Stadion, 30. Oktober 1972.

Dekadenz in Paris und Berlin. (*Links*) Bernardo Bertolucci (rechts) gibt Marlon Brando und Maria Schneider Regieanweisungen am Set von ***Der letzte Tango in Paris***. (*Rechts*) Liza Minnelli schmettert als Sally Bowles in Bob Fosses ***Cabaret*** einen der Songs von Kander und Ebb.

# 1973

Weit mehr als eine Million Menschen waren im **Vietnamkrieg** gestorben, als sich die Kriegsparteien zu **Friedensverhandlungen** trafen. Die Gespräche fanden im Hotel Majestic in Paris an einem riesigen Tisch (*links*) statt, der auch die Kluft zwischen Nord- und Südvietnamesen symbolisierte. (*Oben*) Le Duc Tho, der nordvietnamesische Verhandlungsführer, winkt Henry Kissinger nach Unterzeichnung des Waffenstillstands zu, Januar 1973.

Nach 15 Jahren im Exil kehrte **General Juan Perón** im Juni 1973 nach Argentinien zurück, wo ihn 3,5 Millionen Menschen begrüßten. Der gerade gewählte Präsident Hector Campora trat zurück, und Perón feierte einen triumphalen Wahlsieg. (*Oben*) Perón (links) und Campora umarmen sich am Flughafen Fiumicino in Rom, 27. März 1973. (*Rechts*) Peróns dritte Frau Isabel, die Vizepräsidentin von Argentinien.

1973

Die beiden Türme des **World Trade Center** waren bei ihrer Fertigstellung Ende 1973 die höchsten Gebäude der Welt. Entworfen hatte sie Minoru Yamasaki. Ihre jeweils 110 Geschosse umfassten fast vier Prozent der gesamten Bürofläche von Manhattan, die Baukosten lagen bei 750 Millionen Dollar. Ein Jahr später wurden sie vom Sears Tower in Chicago übertroffen.

**Skylab 1**, die erste amerikanische Raumstation, wog 88 t und wurde am 14. Mai 1973 gestartet. Allerdings entstanden beim Start Schäden, die die erste Besatzung reparieren musste. (*Oben*) Ein Foto im All zeigt gerissene Kabel am Rumpf, die Reste eines abgerissenen Schutzschilds. (*Rechts*) Owen K. Garriott bei seinem siebenstündigen Rekordaufenthalt im All.

Insgesamt drei Mannschaften besuchten das Skylab im Mai, Juli und November 1973. Die Aufnahmen zeigen Mitglieder der ersten Besatzung. (*Links*) Astronaut Joe Kerwin schwebt in der **Schwerelosigkeit**. (*Oben*) Charles „Pete“ Conrad mit einem schwerelosen Schwamm in der zusammenfaltbaren Duschkabine an Bord des Skylab. Während der 28 Tage dauernden ersten Mission wurde die Anpassungsfähigkeit der Astronauten an die Schwerelosigkeit erforscht.

Eine unheilvolle Allianz. (*Links*) **General Augusto Pinochet** (links) und der chilenische **Präsident Salvador Allende** vor der Presse, nachdem Allende den General zum Oberkommandierenden der Armee ernannt hatte, 23. August 1973. (*Oben*) Drei Wochen später kam es zum Staatsstreich, und Pinochets Soldaten beschossen den La-Moneda-Palast in Santiago. Allende wurde getötet, und Pinochet übernahm die Macht.

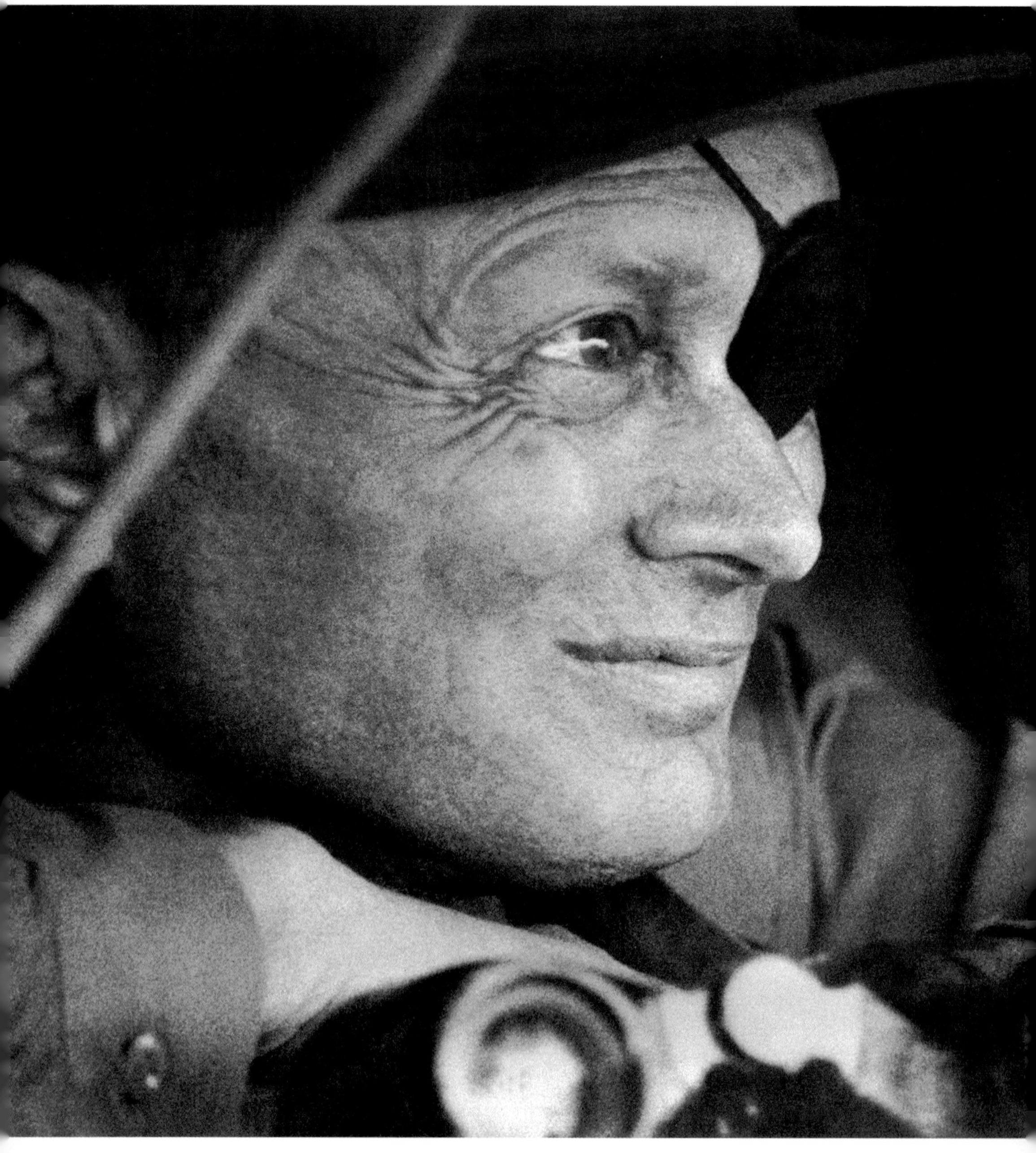

Nicht zum ersten Mal unternahm Ägypten mit Syrien einen Überraschungsangriff auf Israel. Am 6. Oktober, dem jüdischen Versöhnungsfest **Jom Kippur**, überquerten ägyptische Truppen den Sueskanal, während die Syrer die Golanhöhen angriffen. Israelische Truppen unter General Moshe Dayan (*links*) stoppten sie und gingen zum Gegenangriff über. Syrer und Ägypter wurden zur Waffenstillstandslinie von 1967 zurückgedrängt. (*Oben*) Eine syrische MiG aus russischer Produktion über den Golanhöhen, 15. Oktober.

1973

Der **Jom-Kippur-Krieg** dauerte den ganzen Oktober. Am 16. Oktober lehnte die israelische Premierministerin Golda Meir einen Waffenstillstand ab, weil der Feind noch nicht „hinreichend geschlagen" sei. Die Großmächte schalteten sich ein, Kissinger traf sich in Moskau mit Sowjetführern. (*Links*) Israelische Truppen auf dem Weg zur Front.

(*Oben*) **Israelische Soldaten** beschießen mit einer 155-mm-Haubitze syrische Einheiten auf den Golanhöhen, 17. Oktober 1973. Zwar bemühten sich Ost und West, einen Frieden auszuhandeln, doch es waren Großbritannien, Frankreich und die UdSSR, die die Waffen für den Krieg geliefert hatten.

(*Oben*) Knapp einen Monat nach Kriegsausbruch feiert diese israelische Panzerbesatzung die Überschreitung des Sueskanals nach Ägypten. Auf dem Panzer sitzt ein **gefangener Ägypter** mit Augenbinde. Der Krieg endete am 26. Oktober.

# 1973

Wiederholt demonstrierten 1973 Studenten in Athen gegen die **Herrschaft der Obristen** und Premierminister Georgios Papadopoulos (*rechts*). Im November nutzten sie Busse als Straßensperren (*links*). Die Armee übernahm die Macht (*oben*), setzte Papadopoulos ab und verhängte das Kriegsrecht.

Auch am anderen Ende Europas kämpfte man gegen den Faschismus. Am 12. Juni wurde Admiral **Luis Carrero Blanco** (*links*, rechts neben ihm General Franco) zum spanischen Premierminister ernannt. Sechs Monate später wurde Blanco von einer in seinem Auto versteckten Bombe getötet (*rechts*). Der Wagen wurde 18 m hoch in die Luft geschleudert. Bei einer Pressekonferenz am 29. Dezember (*oben*) übernehmen maskierte Mitglieder der baskischen Separatistenbewegung ETA die Verantwortung für Blancos Tod.

Die Superstars des Glam Rock waren noch immer tonangebend. (*Oben*) **Rod Stewart** (Mitte), Sänger der Faces, bei einem Open-Air-Konzert in Los Angeles vor 22 000 Zuschauern. (*Rechts*) **David Bowie** in der Aufmachung seines Alter Ego Ziggy Stardust. Im Juni 1973 schwor er, nie mehr einen Auftritt zu absolvieren.

234

Folter als Unterhaltung oder Unterhaltung als Folter? Steve McQueen (*links*) öffnet die Tür seiner Zelle in Franklin Schaffners ***Papillon***. (*Oben*) Edward Fox spielt den Antihelden in Fred Zinnemanns ***Der Schakal***. Basil Wright lobte das Werk als „eine seltene Lektion über das Filmemachen in guter alter Tradition".

Am 17. Juni 1972 wurden fünf „gut gekleidete, Handschuhe tragende" Männer verhaftet, man beschuldigte sie des Einbruchs ins Wahlkampfhauptquartier der Demokraten im Watergate-Komplex (*oben*) in Washington DC Anführer der Bande war James McCord, ein Ex-Mitarbeiter der CIA. Es dauerte fast zwei Jahre, bis die Verbindung zwischen dem stümperhaften Einbruch und dem Weißen Haus eindeutig belegt war. Im September 1972 beteuerte das Weiße Haus, lediglich die fünf verhafteten Männer und zwei Helfer, Howard Hunt und Gordon Liddy, seien darin verwickelt. Im November schienen die Dinge gut für Nixon zu laufen, der mit einem großen Vorsprung als Präsident wiedergewählt wurde. Dann enthüllte McCord am 28. März 1973, dass der ehemalige Justizminister und Chef des Komitees für Nixons Wiederwahl, John Mitchell, schon vorher von dem Einbruch gewusst hatte.

**(*Rechts*) James McCord (mit Karokrawatte) und sein Anwalt Bernard Fensterwald (am Mikrofon) sprechen mit Reportern über McCords Rolle beim Watergate-Einbruch, 28. März 1973. Carl Bernstein von der *Washington Post* macht sich auf einem Block Notizen.**

# 1973 Watergate

**Am 30. April 1973 übernahm Nixon in einer im Fernsehen ausgestrahlten Rede die Verantwortung für Watergate. Er erklärte aber, vorher nicht von der Affäre gewusst zu haben. Am gleichen Tag traten drei Mitarbeiter des Weißen Hauses und Justizminister Richard Kleindienst zurück. (*Rechts*) Die ersten vier Watergate-Opfer (im Uhrzeigersinn von oben links): John W. Dean III., Ex-Justizminister John Mitchell, John D. Ehrlichman und H. R. Bob Haldeman, ehemals Stabschef im Weißen Haus. (*Links*) Senator Joseph Montoya (New Mexico) bei der Zeugenbefragung im Watergate-Ausschuss. Hinter ihm zeigt eine Liste die vom Komitee zur Wiederwahl Nixons gesammelten Spenden.**

Im März 1974 wurde Nixon als Mitverschwörer genannt. Das Impeachment-Verfahren zur Amtsenthebung begann im Juli. (*Links*) Nixon umarmt seine Tochter am Tag vor seinem Rücktritt, 7. August 1974. (*Oben*) In seiner eigenen Welt gefangen, macht Nixon ein doppeltes Siegeszeichen, als er nach seinem Rücktritt das Weiße Haus verlässt. (*Rechts*) Nixons Nachfolger Gerald Ford (links) wird vereidigt.

Die Kanzlerschaft von **Willy Brandt** (*links*, rechts neben ihm Guillaume) ging 1974 ihrem Ende entgegen. Zwar war seine Ostpolitik äußerst erfolgreich, doch als aufgedeckt wurde, dass sein enger Vertrauter Günter Guillaume für die Stasi der DDR arbeitete, trat Brandt im Mai 1974 zurück. (*Rechts*) Brandts pragmatischer Nachfolger **Helmut Schmidt**, zuvor Finanzminister.

Indien wurde die sechste Nation, die die Atombombe besaß. (*Rechts*) Der bei **Indiens erstem unterirdischen Atomtest** entstandene Krater, 18. Mai 1974. Die Tests fanden in 100 m Tiefe bei Pokhram in der Wüste in Rajasthan statt. Premierministerin Indira Gandhi erklärte, Indiens Atompolitik sei friedlich ausgerichtet und solche Sprengköpfe könnten im Bergbau eingesetzt werden.

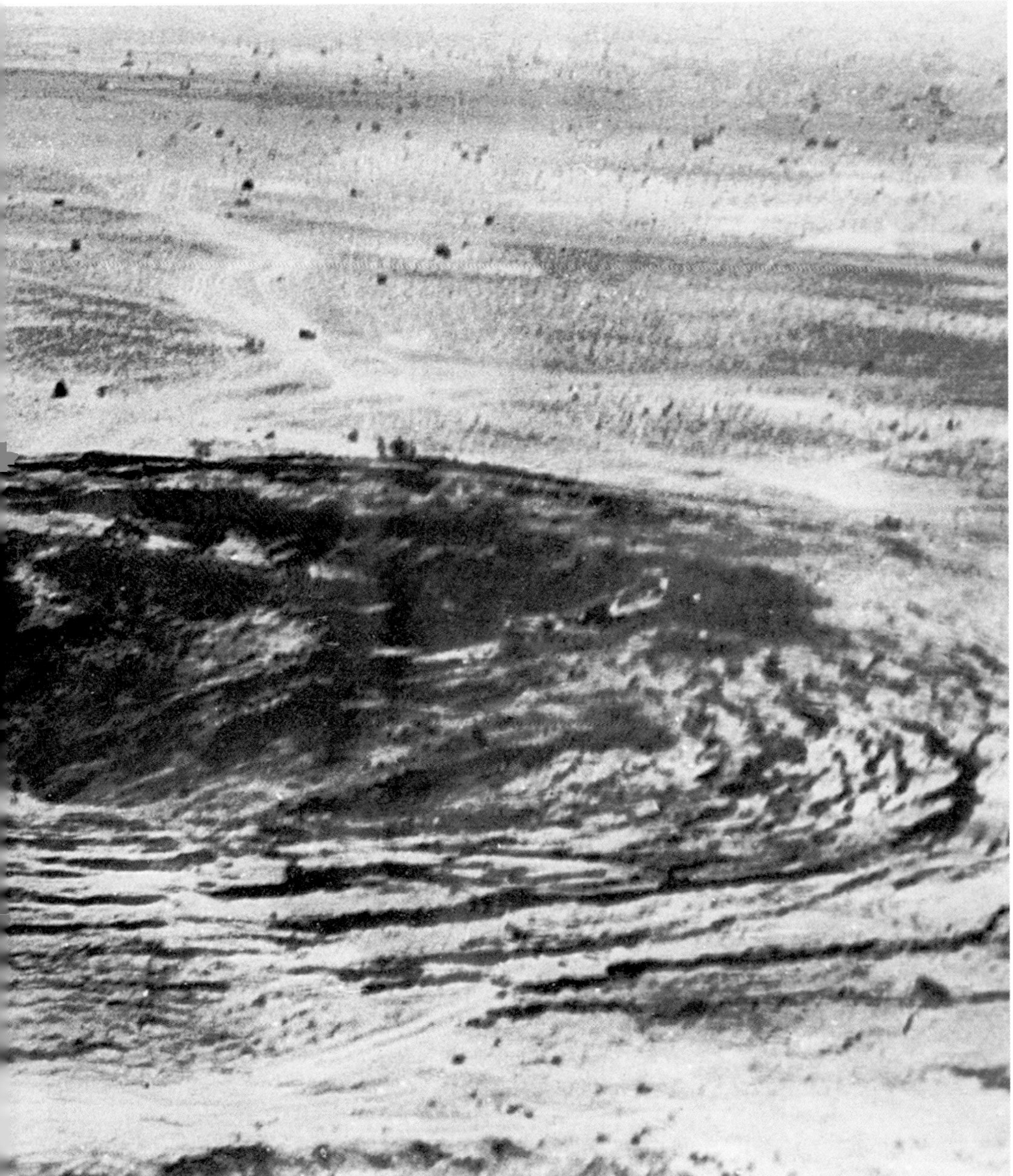

1974 war Großbritannien Ziel einer großen **Bombenkampagne der IRA**. (*Oben*) Nach der Detonation einer 20-Pfund-Bombe quillt Rauch aus der Westminster Hall in London, 17. Juni. (*Rechts*) Die Auswirkungen einer Explosion in einem Pub in Guildford, bei der vier Soldaten getötet wurden, 5. Oktober. (*Ganz rechts*) Feuerwehrleute bergen die Leichen von 23 Opfern aus einem Lokal in Birmingham, 22. November.

M&B
STN 01

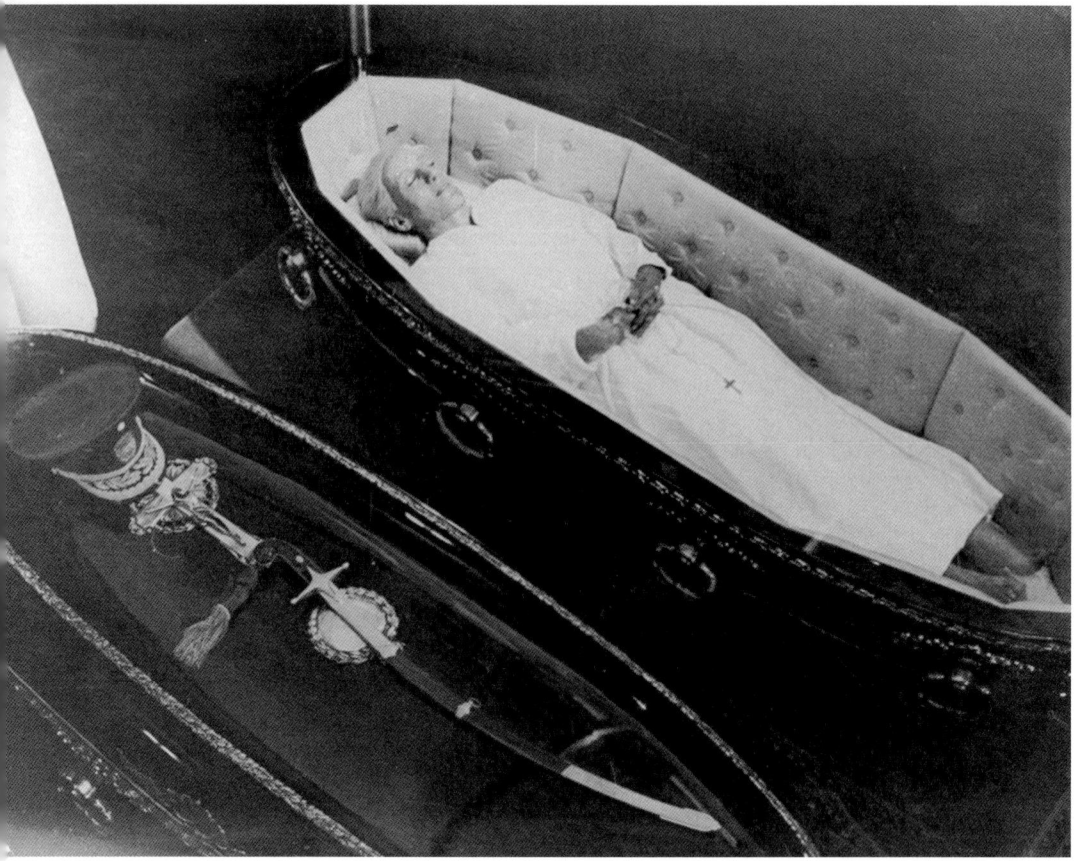

Als der argentinische Präsident **Juan Perón** 1974 im Amt verstarb, wurde der Sarg seiner zweiten Frau, der beliebten Evita Perón, aus Italien geholt. Das Paar wurde öffentlich aufgebahrt. (*Oben*) Peróns Leichnam im offenen Sarg, Buenos Aires. Doch die Totenruhe währte nicht lange, denn Juan wurde zweimal umgebettet.

Der amtierende französische Präsident **Georges Pompidou** starb überraschend am 2. April 1974 an Morbus Waldenström, einer seltenen Knochenmarkskrankheit. (*Oben*) Mitglieder der französischen Regierung und des Parlaments versammeln sich in der Kathedrale Notre-Dame de Paris zur Trauermesse für Pompidou, 8. April 1974.

Das Finale, das die ganze Welt sehen wollte. (*Oben*) Dieser Moment hätte Deutschland die Weltmeisterschaft kosten können. Uli Hoeneß (am Boden) bringt den Niederländer **Johan Cruyff** zu Fall (Mitte), München, 7. Juli 1974. Den deshalb verhängten Strafstoß verwandelte Johann Neeskens zum 1:0 für die Niederlande.

**Franz Beckenbauer** (*oben*, Nummer 5) war der Superstar der Deutschen. Hier wehrt er einen Angriff der Niederländer ab. Beckenbauer war ein guter Verteidiger, doch seine große Stärke lag im Einleiten von Angriffen aus der eigenen Hälfte heraus.

Am Ende war es wieder einmal ein Tor von Gerd Müller, das Deutschland mit 2:1 zum Sieg verhalf. (*Links*) Der deutsche Torwart **Sepp Maier** hält die neue FIFA-WM-Trophäe hoch. (*Oben*) Kapitän Franz Beckenbauer und der deutsche Trainer **Helmut Schön** nach dem WM-Sieg ihres Teams.

**Jimmy Connors** und **Chris Evert**, beide US-Amerikaner, waren die herausragenden Tennisstars 1974. (*Oben*) Connors streckt sich bei einem Match in Wimbledon nach dem Ball, 4. Juli 1974. (*Rechts*) Chris Evert schleudert ihr Racket in die Luft, nachdem sie die Russin Olga Morozova im Finale der Frauen in Wimbledon besiegt hat, Juli 1974.

OUS SETS
Mrs. O. MOROZOVA
SETS GAMES POINTS
4
SERVER
Miss C.M.EVERT
1 5
3 4

Nach Jahren im Exil kehrte Erzbischof Makarios (*oben*) Anfang 1974 nach **Zypern** zurück und wurde der erste Präsident des Landes. Doch am 15. Juli wurde er bereits durch einen Militärputsch abgesetzt. (*Links*) Nikos Sampson (Zweiter von links), Anführer des Staatsstreichs. Am 20. Juli landeten türkische Truppen auf Zypern, konnten aber bald vertrieben werden. (*Rechts*) Türkisch-zypriotische Kriegsgefangene, 28. Juli 1974.

(*Oben*) Jassir Arafat (rechts) bei einem **Treffen der Arabischen Liga** in Rabat in Marokko, 30. Oktober 1974. Die PLO wurde dort als „die einzige legitime Vertretung des palästinensischen Volkes“ anerkannt. (*Links*) Ägyptische Soldaten feiern die Entscheidung von Präsident Anwar as-Sadat, die Beziehungen zu den anderen arabischen Staaten zu intensivieren.

(*Rechts*) Muhammad Ali zeigt George Foreman bereits vorab auf dem Plakat die Faust. Der Kampf in Kinshasa im Kongo wurde als **„Rumble in the Jungle“** (Der Kampf im Dschungel) angekündigt, Oktober 1974. (*Oben*) Foreman geht nach einer Links-rechts-Kombination von Ali zu Boden. Mit seinem Sieg in der achten Runde eroberte Ali den Weltmeistertitel im Schwergewicht zurück.

CHAMPIONNAT DU MONDE DES POIDS LOURDS
KINSHASA, LE 25 SEPTEMBRE 1974 A 3 HEURES DU MATIN
15 ROUNDS
TRAINING CAMP
SUPER CHOC ET COMBAT DU SIECLE
CHAMPIONNAT DU MONDE DES POIDS LOURDS
KINSHASA, LE 25 SEPTEMBRE 1974 A 3 HEURES DU MATIN
15 ROUNDS
GEORGE FOREMAN
VS.

Mit zwei Erfolgsfilmen bewies Hollywood 1974, dass sich Verbrechen zumindest an der Kinokasse auszahlt. (*Oben*) In ***Chinatown*** wird dem von Roy Jenson (rechts) festgehaltenen Jack Nicholson von Roman Polanski (links, Rücken zur Kamera) die Nase aufgeschlitzt. (*Rechts*) John Cazale (links) mit Al Pacino in Francis Ford Coppolas ***Der Pate II***. Beide wurden als bester Film nominiert. *Der Pate* bekam den Oscar.

GF-II-5618-7

# 1975

Die britischen Tories wollten sich mit der Oppositionsrolle nicht abfinden, also wechselten sie im Februar 1975 die Führungsspitze aus. Der etwas zögerliche Heath musste der energisch, umtriebigen Thatcher Platz machen. (*Links*) **Edward Heath** auf seiner Jacht Morning Cloud, Mai 1975. (*Rechts*) **Margaret Thatcher** genießt den Applaus nach ihrer Rede auf dem Parteitag der Konservativen, 10. Oktober.

Die **Roten Khmer**, die Partei des Demokratischen Kampuchea, kämpften seit 25 Jahren um die Macht in Kambodscha. Mit Unterstützung der Chinesen stürzten sie im Frühjahr 1975 das von den USA protegierte Regime von Lon Nol und eroberten nach über dreimonatiger Belagerung Phnom Penh. (*Oben* und *rechts*) Soldaten der Roten Khmer marschieren in Phnom Penh ein, 17. April 1975. Kambodscha stand eine brutale Zeit bevor.

**Vietnam**, 30. April 1975. Die Szene erinnert an Pearl Harbor 1941: Vor brennenden südvietnamesischen Maschinen stürmen nordvietnamesische Soldaten auf das Rollfeld des Saigoner Flughafens Tan Son Nhat. Der Flugplatz war von den Kommunisten bombardiert worden, als gerade Flüchtlinge über die Landebahn strömten und die Flugzeuge nicht starten konnten. Der endgültige Zusammenbruch Südvietnams kam schnell, bis zur Einnahme der Stadt vergingen nur noch wenige Stunden.

Die letzten Helikopter verließen die US-Botschaft in Saigon am 30. April um 7.53 Uhr. Vier Stunden später durchbrach ein nordvietnamesischer Panzer das Tor zum Präsidentenpalast in **Saigon** (*oben*). Präsident Duong van Minh ergab sich, und alles war vorbei. (*Rechts*) Der Augenblick des Sieges, eingefangen von der Fotografin Françoise de Mulder mit dieser Aufnahme einer nordvietnamesischen Panzerbesatzung vor dem Palast.

Die Boys wurden älter, doch die enthaltsamen **Osmonds**, die aus religiöser Überzeugung sogar den Genuss von anregendem Coca-Cola ablehnten, blieben eine der Topgruppen der 1970er. (*Oben*) Jugendliche Fans bejubeln die Osmonds bei einem Auftritt 1975. Donny Osmond war der eindeutige Favorit der Teenager.

(*Oben*) Fans der **Bay City Rollers** haben sich mit Schottenmuster-Klamotten für ein Konzert in Swansea herausgeputzt, 27. Mai 1975. In Anspielung auf die typische Kleidung der Edinburgher Gruppe im Schotten-Look fragte ein Teenagermagazin: „Was können Mädchen tun, um sich mit den Osmonds zu identifizieren? Sollen sie sich wie Mormonen kleiden?“

Harold Wilsons Labour Regierung ließ in einem **Referendum** über den Verbleib Großbritanniens in der EWG abstimmen. (*Links, oben*) Margaret Thatcher, flankiert von William Whitelaw (links) und Peter Kirk, war für eine weitere Mitgliedschaft. (*Links, unten*) Peter Shore (rechts), ein Mitglied der Labour-Regierung war für den Austritt. (*Rechts*) Auszählung der Stimmzettel, 6. Juni 1975. Zwei Drittel der Briten stimmten für ein Verbleiben in der EWG.

Im Juli 1975 beschlossen die USA und die UdSSR eine gemeinsame Weltraummission, das **Apollo-Sojus-Projekt**. Drei Tage flogen die beiden Raumschiffe aneinandergekoppelt durchs All. (*Links*) Die sowjetische Sojus macht sich bereit zum Andocken an die Apollo, 16. Juli. (*Rechts*) US-Astronaut Thomas Stafford (links) mit dem Sowjetkosmonauten Alexei Leonow an der Luke, die die beiden Raumschiffe verband.

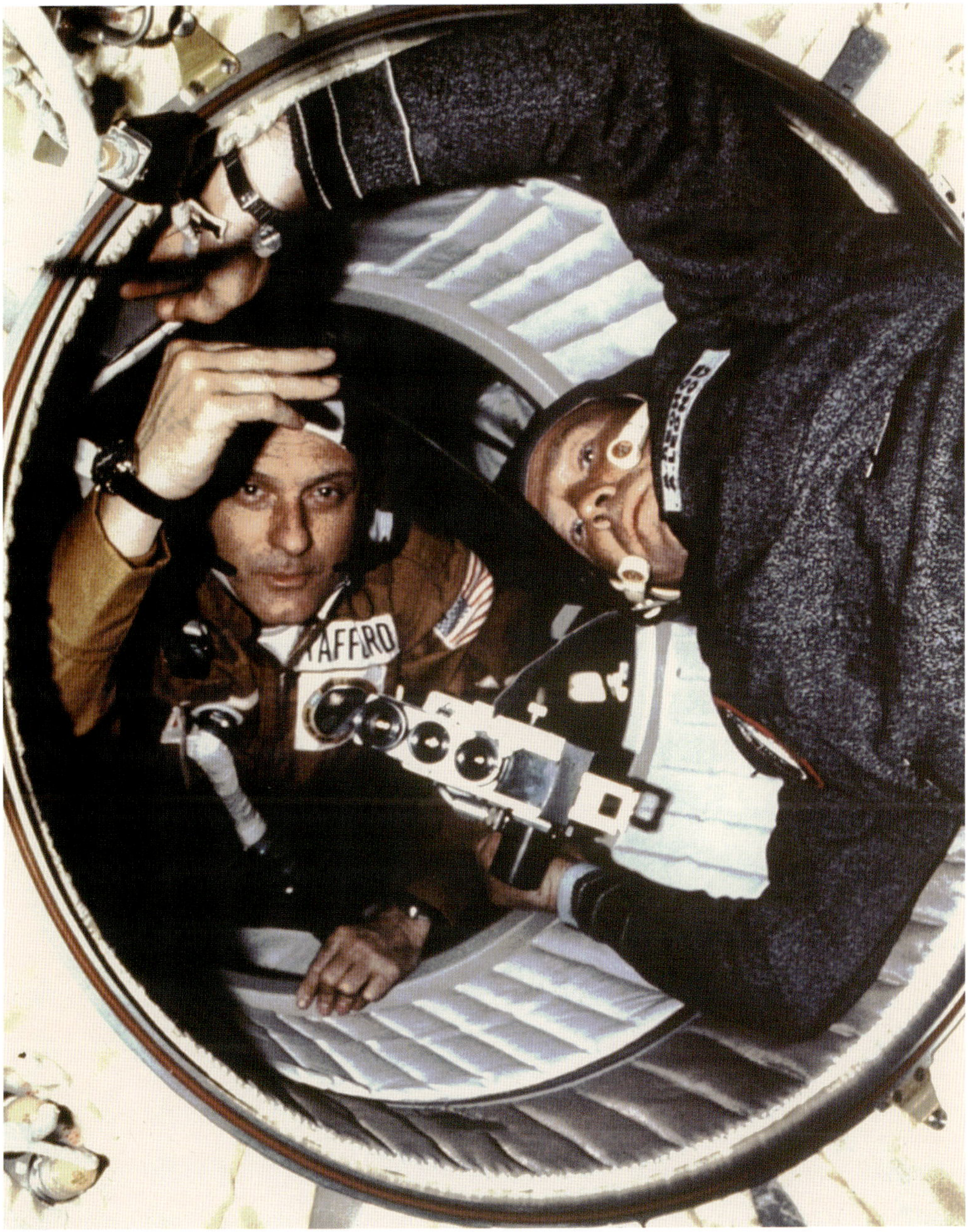
TAFFORD

**Saddam Hussein** war zwar noch nicht Präsident des Irak, aber bereits der mächtigste Mann im Land. 1975 reiste er nach Südfrankreich, um dort Waffen einzukaufen. (*Links*) Saddam Hussein trifft im Testzentrum von Dassault Aviation in Istres ein, 8. September 1975. (*Oben*) Saddam Hussein (Mitte) im Gespräch mit dem französischen Verteidigungsminister Yvon Bourges.

Der Kampf der drusisch-palästinensischen Milizen gegen christlich-maronitische Phalangisten im **Libanon** eskalierte 1975 zum offenen **Bürgerkrieg**. Im Dezember kam es überall in Beirut zu heftigen Straßenkämpfen (*oben*). (*Links*) Milizangehörige an einer Barrikade im Chyal-Viertel.

Sogar viele Libanesen verstanden die Entwicklung nicht mehr, denn in die Kämpfe in **Beirut** waren außer zahlreichen Gruppen unterschiedlichster religiöser und ideologischer Ausrichtung auch ausländische Kräfte verwickelt. Zu den Kämpfen zwischen Muslimen und Christen in Beirut kam ein Angriff der Israelis auf Palästinenser im Südlibanon.

(*Oben*) Eine **Katjuscha-Rakete** wird von der Ladefläche eines Lkws auf ein Hochhaus in Beirut abgefeuert. (*Links*) In einer Beiruter Straße türmen sich nach Granaten- und Raketenangriffen die Trümmer. Die Kämpfe dauerten noch 15 Jahre an.

Früher hatte **Evel Knievel** Versicherungen verkauft, jetzt war er Motorradstuntman. (*Rechts*) Knievel verlässt ein Londoner Krankenhaus, nachdem sein Versuch, mit dem Motorrad 13 Busse zu überspringen, gescheitert war, 10. Juni 1975. Ein triumphales Comeback: Knievel vor den 14 Bussen, die er in King's Island, Ohio, übersprang, 25. Oktober.

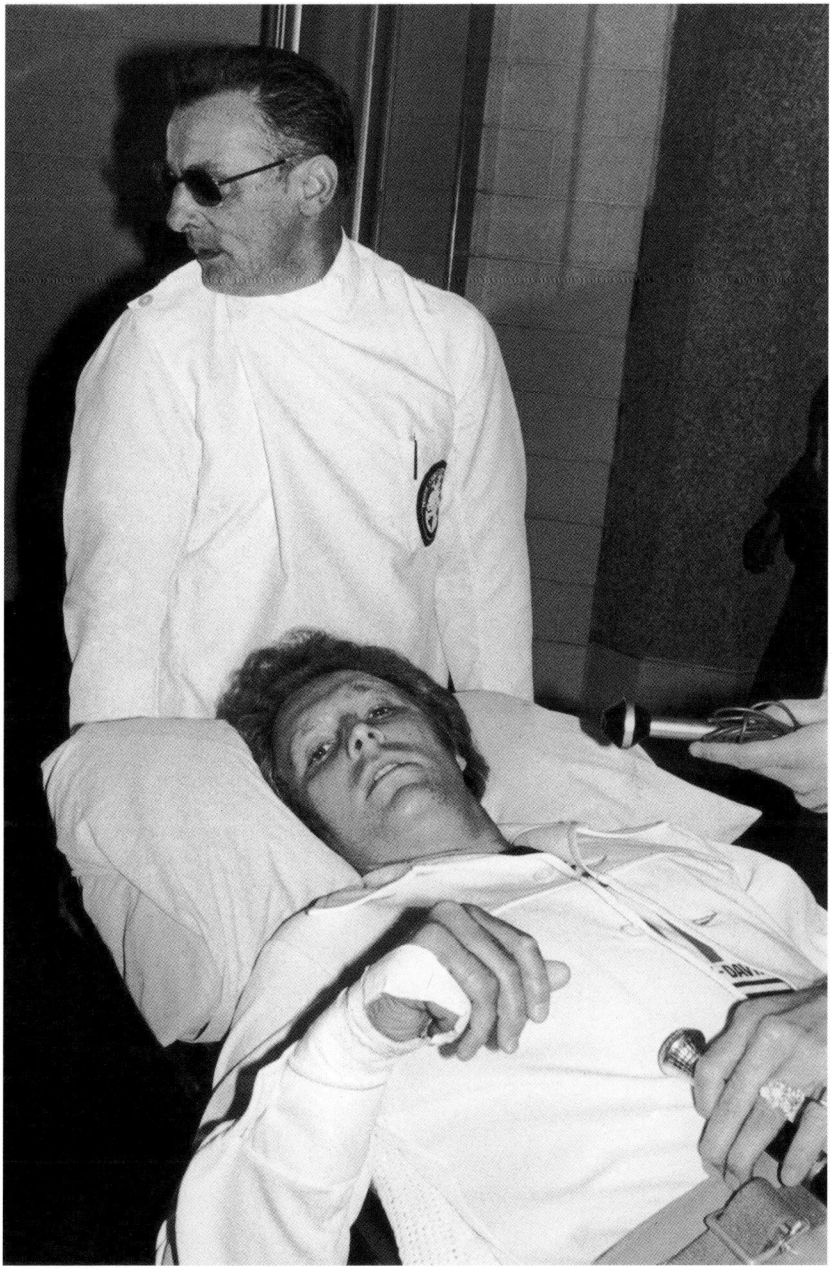

Als im Januar 1975 die Unabhängigkeit **Angolas** von Portugal für November 1975 beschlossen wurde, brachen Kämpfe zwischen der FNLA und UNITA auf der einen und der MPLA auf der anderen Seite aus. (*Links*) Ein Bildnis des UNITA-Führers Jonas Savimbi bei den Unabhängigkeitsfeiern in Nova Lisboa, 11. November 1975. (*Oben*) Das umgestoßene Standbild des Stadtgründers Norton de Matos.

Es gab Spanier, die den **Tod von General Francisco Franco** am 20. November 1975 betrauerten. Für die Rechte und die Kirche war Franco der Mann gewesen, der ihr Land in den 1930ern vor Kommunismus und Atheismus gerettet und Spanien seither mit eiserner Faust regiert hatte. Viele andere empfanden seinen Tod aber als Befreiung von einer grausamen Vergangenheit. (*Oben*) Menschen in Madrid lesen auf der Straße vom Tod Francos. (*Rechts*) Francos aufgebahrter Leichnam im Palast El Pardo in Madrid, 24. November.

(*Oben*) Hanan Porat und seine rechtsgerichteten Anhänger feiern die Zustimmung Israels zum **Bau jüdischer Siedlungen** im Westjordanland, 8. Dezember 1975. (*Links, oben*) Eines der neuen Camps in Alon Moreh. (*Links, unten*) Siedler in Ma'ale Edomim, zwischen Jerusalem und dem Toten Meer gelegen.

Am 8. Januar 1976 starb Zhou Enlai an Krebs. Er war seit der Revolution 1949 chinesischer Premierminister, Maos engster Mitarbeiter und eine ausgleichende Größe in der chinesischen Politik gewesen. Die Grabrede bei seiner Beisetzung hielt Deng Xiaoping, der Generalsekretär der chinesischen KP. Der Tenor seines Nachrufs – er hob Gerechtigkeit und Gemeinsinn hervor – könnte die anschließenden Veränderungen beschleunigt haben. Nach einer Massendemonstration auf dem Tian'anmen-Platz im April wurde er abgesetzt. Er floh in den Süden, um den Ausgang des unausweichlich erscheinenden Machtkampfes abzuwarten. Doch die Natur griff ein, denn ein schweres Erdbeben bei Tangshan forderte 300000 Tote und 500000 Verletzte. Traditionell werden solche Naturkatastrophen als Vorzeichen von Krisen interpretiert. Diese Krise kam am 9. September 1976 mit dem Tod von Mao Zedong. Einen Monat später wurden die Anführer der Kulturrevolution 1966, die sogenannte „Viererbande", verhaftet.

**In den Fußstapfen von Richard Nixon schreitet US-Präsident Gerald Ford, begleitet von Deng Xiaoping, eine chinesische Ehrenformation ab, Dezember 1975.**

**Helden und Schurken. (*Oben*) Demonstranten erinnern an Zhou Enlai. (*Rechts*) Protestierende Rotgardisten beschuldigen Deng Xiaoping. Beide Ereignisse fanden auf den Tian'anmen-Platz statt, April 1976.**

Angehörige der chinesischen Volksarmee stürmen im Laufschritt, um bei Aufräumarbeiten nach dem Erdbeben in Tangshan zu helfen, 11. August 1976. China lehnte jegliche Hilfe aus dem Ausland ab.

(*Oben*) Trauernde Chinesen defilieren am aufgebahrten Leichnam Mao Zedongs in Peking vorbei, 12. September 1976. Wegen des heißen Wetters hatten die Ärzte zur Konservierung 22 Liter Formaldehyd in den Körper injiziert. Maos Leibarzt beschrieb das Resultat so: „Das Gesicht war aufgedunsen ... der Hals so dick wie sein Kopf ... die Ohren standen rechtwinkelig ab ..."

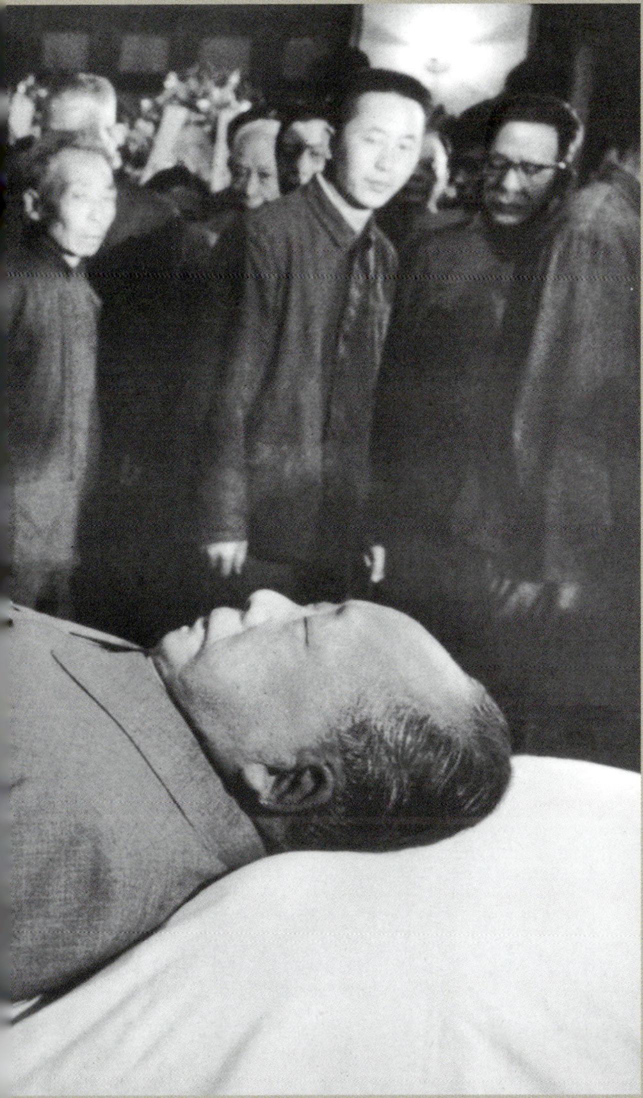

(*Oben* ) Maos Witwe, Chiang Ch'ing, zur Zeit ihrer Inhaftierung. Sie war einst die mächtigste Frau in China, Oktober 1976. (*Unten*) Hua Guofeng, ZK-Vorsitzender und Ankläger der „Viererbande", November 1976.

Im April 1975 brachen im **Libanon** neue Kämpfe aus, als unbekannte Schützen eine christliche Kirche in Ostbeirut beschossen. Maronitische Phalangisten töteten aus Rache 27 Palästinenser. Im Juli drangen israelische Truppen in den Südlibanon ein, zwei Monate später marschierten die Syrer in den Nordlibanon ein. Anfang 1976 hatte ein offener Krieg das gesamte Land erfasst. (*Rechts*) Christliche Kräfte besetzten Karantina, ein von armen Kurden und Armeniern bewohntes Slumviertel, das angeblich von Splittergruppen der PLO kontrolliert wurde, 19. Januar 1976. Über 1000 Zivilisten wurden getötet.

Nach dem Abzug der portugiesischen Truppen Ende 1975 kam es in **Angola** zum Bürgerkrieg zwischen prowestlichen Kräften (UNITA, FLNA) und der marxistischen MPLA. (*Links*) Kindersoldaten der MPLA bei einer Militärparade, 16. Februar 1976. (*Oben*) Ein Kindersoldat ruht sich unter dem Porträt des MPLA-Führers Agostinho Neto aus, 23. Februar 1976.

Im Sommer 1976 ordnete die südafrikanische Regierung an, dass in allen Schulen in Afrikaans unterrichtet werden muss. In **Soweto**, einer Vorstadt von Johannesburg, protestierten 10 000 afrikanische Schüler, die im Afrikaans ein Symbol für die Dominanz der Weißen sahen. Die Polizei eröffnete das Feuer und tötete 100 Demonstranten. (*Oben*) Die Randalierer benutzten Autos als Straßensperren. (*Rechts*) Ausdruck der Verzweiflung, Soweto, 21. Juni 1976.

(*Links*) **Björn Borg** hat Ilie Nastase geschlagen und feiert seinen ersten von fünf Wimbledon-Siegen in Folge, 3. Juli 1976. (*Oben*) **Chris Evert** war der Liebling der Tennisfans in den 1970ern. Hier ist sie auf dem Weg zum Titelgewinn in Wimbledon.

Am 19. Juni 1976 um 7.53 Uhr EST (Ostküsten-Standardzeit) trennte sich der **„Lander“** von der **US-Sonde Viking 1** und setzte im Gebiet Chryse Planitia auf der Marsoberfläche auf. Der Flug dorthin hatte elf Monate gedauert. Viking 1 sollte hochauflösende Bilder des Planeten liefern. (*Rechts*) Die Marsoberfläche, eines der ersten Farbbilder, die von einem anderen Planeten zur Erde gefunkt wurden.

RA 2 CE LABEL 22A003/000
SIZE 0.12 CHANNEL/MODE 3/1
RA 2 CE LABEL 22A016/002
SIZE 0.12 CHANNEL/MODE 3/1
RA 2 CE LABEL 22A018/002
SIZE 0.12 CHANNEL/MODE 3/1
TPUT SPEC MIN 0. MAX 4.5 *
ENT 1 OF 1
WDB/L1473BX
AGE PROCESSING LABORATORY

Die Mannschaften der UdSSR und der DDR dominierten die Olympischen Spiele 1976 in Montreal, zusammen errangen sie 215 Medaillen. Die Spiele waren ein großer Triumph für die DDR-Schwimmerin **Kornelia Ender** (*links*), die vier Gold- und zwei Silbermedaillen gewann. Für viele war aber die zierliche, 14-jährige **Nadia Comaneci** (*rechts*) aus Rumänien der Star der Spiele, die dreimal Gold in den Turndisziplinen holte.

217
USA
103

Bei der Olympiade gelang es dem Kubaner **Alberto Juantorena** erstmals seit dem Doppelerfolg von Paul Pilgrim 1906 in Athen, wieder beide Goldmedaillen über 400 und 800 m zu holen. (*Links*) Juantorena geht im Endspurt über 800 m in Führung.

Auch der Finne **Lasse Viren** holte in Montreal Doppelgold, er gewann den 5000- und den 10 000-m-Lauf der Männer. (*Oben*) Viren gewinnt die 5000 m, Dick Quax mit der Nummer 691 holt Silber, und Klaus-Peter Hildenbrand hechtet sich zur Bronzemedaille.

Die **Aufstände von Notting Hill** in Westlondon brachten den Carnival zu einem traurigen und rabiaten Abschluss. Die Unruhen begannen am Nachmittag des 30. August, als die Polizei einen mutmaßlichen Taschendieb festnehmen wollte. Gewalt brach aus. Banden schwarzer und weißer Jugendlicher randalierten und attackierten die Polizei. (*Rechts*) Polizisten bringen sich in Sicherheit – 100 Beamte wurden verletzt. (*Oben*) Eine mit Scherben und Trümmern bedeckte Straße nach dem Aufruhr.

Nach zwei Niederlagen in Folge stellten die Demokraten nach **Jimmy Carters** Sieg im November wieder den Präsidenten. (*Oben*) Carter auf Wahltour in New York City, Oktober 1976. (*Rechts*) Jimmy Carter und seine Frau Rosalynn liegen sich in den Armen, als die ersten Nachrichten vom Sieg des Demokraten über Gerald Ford eintreffen, 2. November 1976.

Nutzung und Missbrauch von Kunst, 1976. (*Links*) **Alexander Calder** bemalt die Designvorlage für die Boeing-Flotte der Airlinie Braniff International. (*Oben*) **Tom Keating** steht vor seiner Fälschung *Hay Wain*, im Stil von John Constable, August 1976.

Zwei Kassenschlager von 1976. (*Links*) Sylvester Stallone in einem Standfoto aus dem Oscar-prämierten Film ***Rocky***. (*Oben*) Harvey Stephens als Damien auf einem Promotionfoto zu ***Das Omen***.

Der „Glamour“ des Glam Rock war Interpretationssache. (*Links*) Die amerikanische Band **Kiss** auf der Westminster Brigde in London bei ihrer ersten Europatournee (von links nach rechts): Paul Stanley, Peter Criss, Ace Frehley und Gene Simmons. (*Oben*) **David Bowie** erholt sich mit Romy Haag nach einer Vorstellung im Pavillon in Paris, 18. Mai 1976.

(*Oben*) Erste Station der „Anarchy Tour“ von The Damned im Leeds Politechnic, 6. Dezember 1976; (von links nach rechts) Brian James (Gitarre), Dave Vanian (Gesang) und Rat Scabies (Schlagzeug). (*Links*) Malcolm McLaren, Mitinhaber der Boutique SEX und Manager der Sex Pistols.

In dieser Bewegung vermischten sich Musik und Mode mit einer zornigen Protesthaltung. Punks wollten nicht schön aussehen oder klingen. Die Namen der Bands und der Musiker waren Programm: The Clash, The Damned, Johnny Rotten (*links*) und Sid Vicious. Die Begründer des Punk waren häufig widerspenstige, rabaukenhafte Jugendliche, die in ihrer Wut einen neuen Sound schufen.

**Der Musik folgte die Mode. (*Ganz links*) Fans der Sex Pistols mit zerrissenen, farbverschmierten T-Shirts, Juli 1977. Zwei andere Punkrocker: (*oben*) Karen aus Schweden trägt ein schwarzes Hakenkreuz auf der Wange und eine Punkerin im Rainbow (*links*) den Schriftzug „NO FUTURE" auf der Stirn.**

(*Oben*) Bei einem Konzert von The Jam und The Clash im Londoner Rainbow Theatre reißen die Punkfans die Stühle heraus, 14. Mai 1977. (*Links*) Paul Simonon von The Clash beim selben Auftritt. (*Rechts*) Debbie Harry, Leadsängerin der amerikanischen Band Blondie, Mai 1977.

Anlässlich der Feier ihres silbernen **Thronjubiläums** bereiste Königin Elisabeth II. im Februar und März 1977 das Commonwealth. Nach ihrer Rückkehr nach Großbritannien ging das Programm weiter mit Reisen im Vereinigten Königreich, Gottesdiensten, Loyalitätsbekundungen der Houses of Parliament, Feuerwerken, Empfängen, einer Fahrt auf der Themse und einer speziellen Version von *God Save the Queen* der Sex Pistols. (*Oben*, von links nach rechts) Prinzessin Anne, Earl Mountbatten, die Königin und der Herzog von Edinburgh auf dem Balkon des Buckingham-Palastes, 28. Juni 1977. (*Rechts*) Königstreue Londoner vor ihrem Haus, 3. Juni 1977.

GOD
THE QUEEN

BACK
CHELSEA
AND
ANGRY
GROUP
COTTAGE,

Auch in Großbritannien gab es viel auszufechten. (*Links*) **Homosexuelle** marschieren über die King's Road in Chelsea, um gegen die Verurteilung der Gay News wegen Blasphemie zu protestieren, 30. Juli 1977. (*Oben*) Eines der Opfer der Schlacht von Lewisham, 12. August 1977. Rund 5000 **Antifaschisten** verhinderten einen Marsch der National Front durch den Südosten Londons.

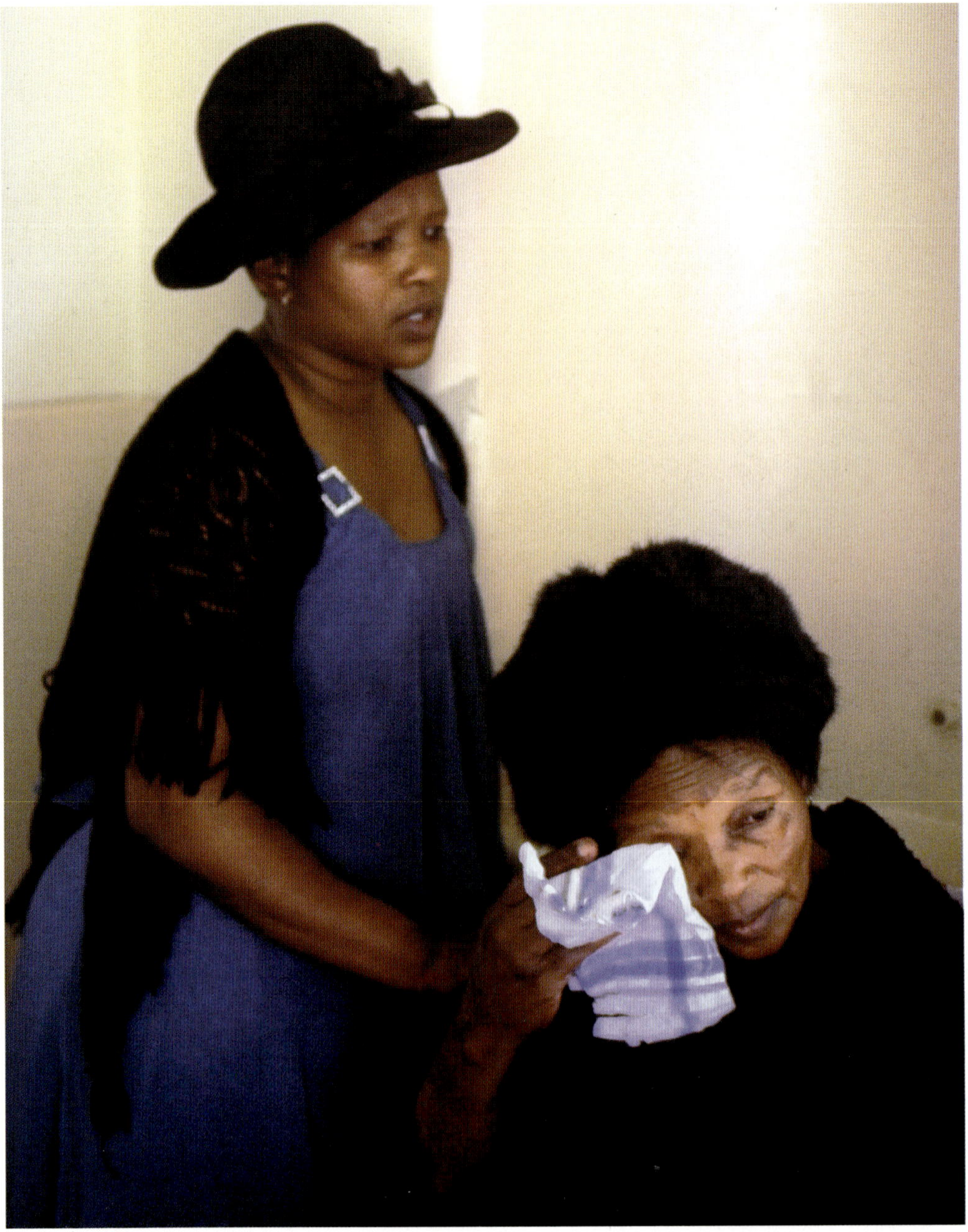

„Der großartigste Mensch, den ich je die Ehre hatte kennenzulernen" – Donald Woods. (*Oben*) **Steve Bikos** Bestattung im südafrikanischen King William's Town, 5. September 1977. Biko, Gründer der Bewegung Black Consciousness, war in Polizeigewahrsam zu Tode geprügelt worden. (*Links*) Bei der Beerdigung: ein Porträt von Steve Biko. (*Ganz links*) Bikos Frau Ntsikie (links) und seine Mutter Alice bei der Untersuchung der Todesursache.

(*Links*) **Jean-Bedel Bokassa**, selbst ernannter Kaiser der Zentralafrikanischen Republik, bei seiner Krönung in Bangui, 4. Dezember 1977. Das Spektakel kostete 20 Millionen Dollar, ein Viertel des BSP seines Landes. (*Oben*) **Haile Mariam Mengistu**, der neue Führer Äthiopiens nach der Absetzung von Haile Selassie, Mai 1977. Bokassa wurde zehn Jahre später gestürzt, Mengistu überstand den Bürgerkrieg und wurde Präsident, als Äthiopien zu einer Zivilregierung zurückkehrte.

(*Oben*) Drei der **Rolling Stones** (von links nach rechts: Mick Jagger, Ronnie Wood und Keith Richards) feiern im New Yorker Nachtclub Trax die Veröffentlichung ihres Albums *Love Your Live*, 23. September 1977. (*Rechts*) Freddie Mercury bei einem Konzert von **Queen** in Earl's Court in London, 11. Juni 1977.

John Travolta denkt als Tony Manero in einem New Yorker U-Bahn-Wagen über die Komplexität der Liebe nach; Szenenaufbau zu John Badhams ***Saturday Night Fever***. Die Kritik zeigte sich wenig beeindruckt, doch an der Kinokasse spielte der Film fast 100 Millionen Dollar ein und brachte Travolta eine Oscar-Nominierung.

Ein anderer Blickwinkel auf Big Apple. (*Oben*) Woody Allen (rechts, mit Diane Keaton) wurde für ***Der Stadtneurotiker*** für den Oscar als bester Schauspieler nominiert. Die Kritik lobte den Film, er bekam vier Oscars und war mit 40 Millionen Dollar auch ein kommerzieller Erfolg.

Der Film ***Krieg der Sterne*** richtete sich an eine Generation, die mit Märchen aufgewachsen war. Dem Ehepaar George (Regie) und Marcia Lucas (Schnitt), hier in einem Schneideraum in Los Angeles, bescherte er ein Happy End und einen Batzen Gold.

Ein alter Luftschiffhangar diente als bis dahin größtes Filmset der Kinogeschichte – Steven Spielberg bei einer Szene aus ***Unheimliche Begegnung der dritten Art***. Der Film kostete 20 Millionen Dollar, doch Spielberg spielte das Geld wieder ein und wurde für den Oscar (Regie) nominiert.

**(*Oben* und *rechts*) Einige der Mitglieder der Roten Armee Fraktion. Im Gefängnis saßen sie in Einzelhaft, hatten Besuchsverbot und wurden bei Hungerstreiks zwangsernährt. (*Ganz rechts*) Die Festnahme von Andreas Baader durch die Polizei in Frankfurt, Juni 1972.**

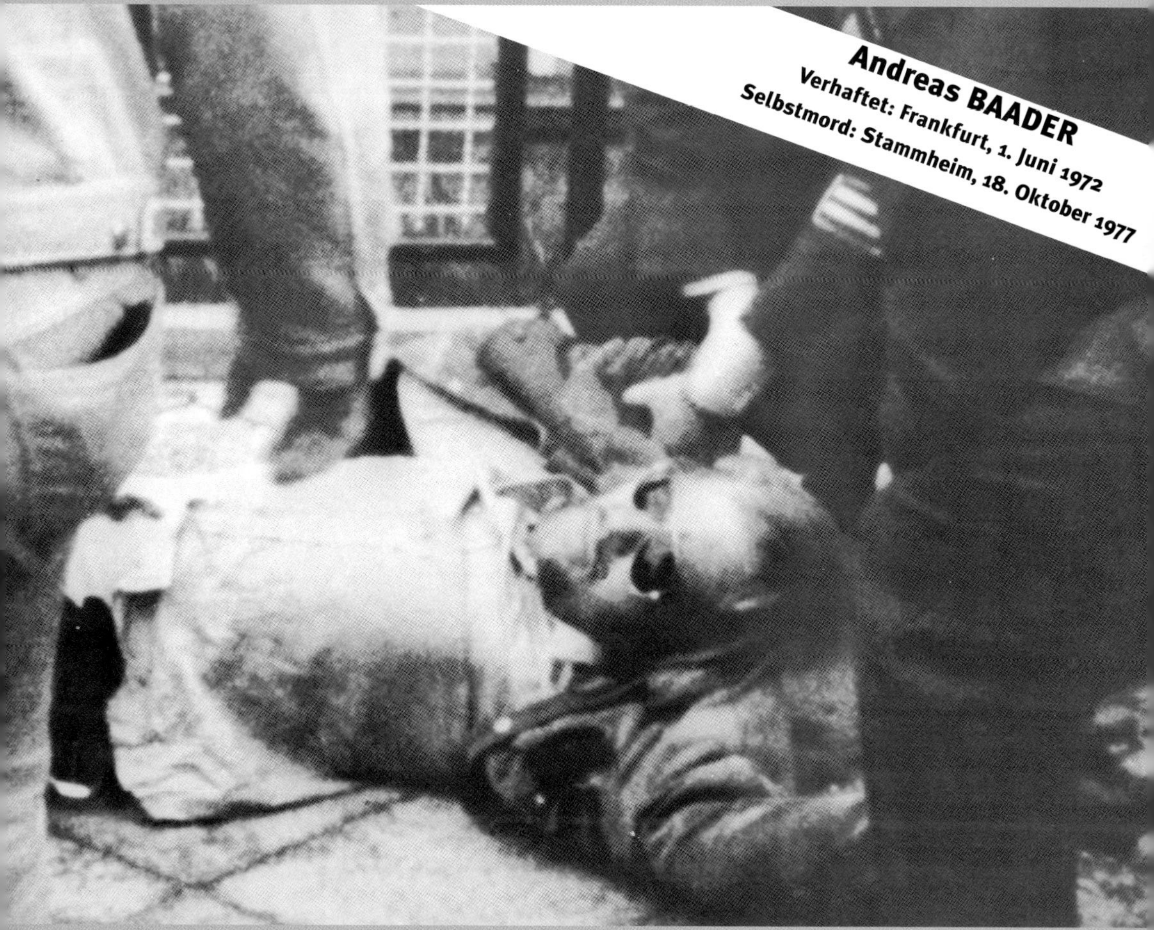


Zwei der aktivsten und gefürchtetsten Terrororganisationen in Europa in den 1970ern waren die Rote Armee Fraktion oder RAF (bekannt als Baader-Meinhof-Gruppe) und die Roten Brigaden (Brigate Rosse). Die RAF operierte hauptsächlich in Deutschland, wo sie mit gewaltsamen Mitteln den versteckten Faschismus der Konsumgesellschaft bloßstellen wollte. Ihre Ziele waren neben Politikern auch Industrie- und Bankbosse. Die Roten Brigaden hatten ihren Schwerpunkt in Italien, wo sie in den 1970ern rund 14 000 Terroraktionen ausführten. Beide Gruppierungen überlebten bis in die 1990er. Nach dem Zusammenbruch der DDR, einem wichtigen Rückzugsraum, löste sich auch die RAF auf.

**Der Ermordung des Industriellen Hanns-Martin Schleyer (*oben* und *rechts*) verdächtigte RAF-Mitglieder (*links*, von links oben): Christian Klar, Elisabeth von Dyck, Brigitte Mohnhaupt, Silke Maier-Witt, Jörg Lang, Friederike Krabbe, Rolf Heißler und Rolf Clemens Wagner.**

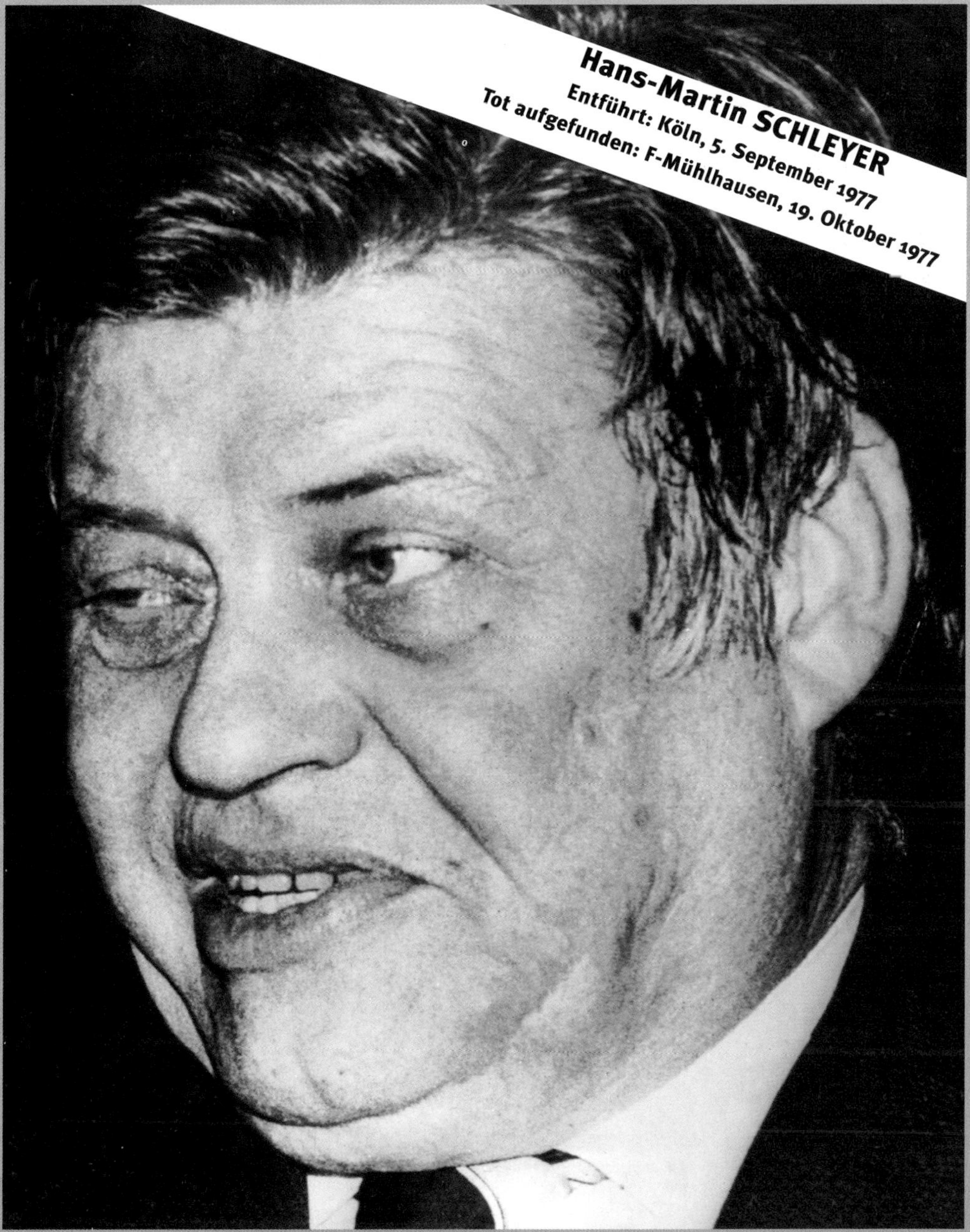
Hans-Martin SCHLEYER
Entführt: Köln, 5. September 1977
Tot aufgefunden: F-Mühlhausen, 19. Oktober 1977

**1978 entführten die Roten Brigaden den italienischen Ex-Ministerpräsidenten Aldo Moro *(ganz rechts)*. Nach 54 Tagen töteten sie ihre Geisel. Aldo Moros Leiche fand man am 9. Mai 1978 in einem Kleintransporter *(oben)*. *(Rechts)* Renato Curcio, der Anführer der Roten Brigaden steht in Turin, durch Gitter gesichert, wegen der Ermordung Moros vor Gericht.**

**Aldo MORO**
Entführt: Rom, 16. März 1978
Tot aufgefunden: Rom, 9. Mai 1978

Der Bürgerkrieg im **Libanon** verschärfte sich. 3000 israelische Soldaten drangen im Süden ein, nachdem bei einem Anschlag auf einen Bus bei Tel Aviv 37 Israelis getötet worden waren. UN-Truppen sollten die Ordnung wiederherstellen, doch das Gemetzel ging weiter. Zwei Aufnahmen der Französin Françoise de Mulder: (*links*) ein Kämpfer in Tyros während der israelischen Invasion, März 1978; (*oben*) die brennende Raffinerie in Gilded, Beirut.

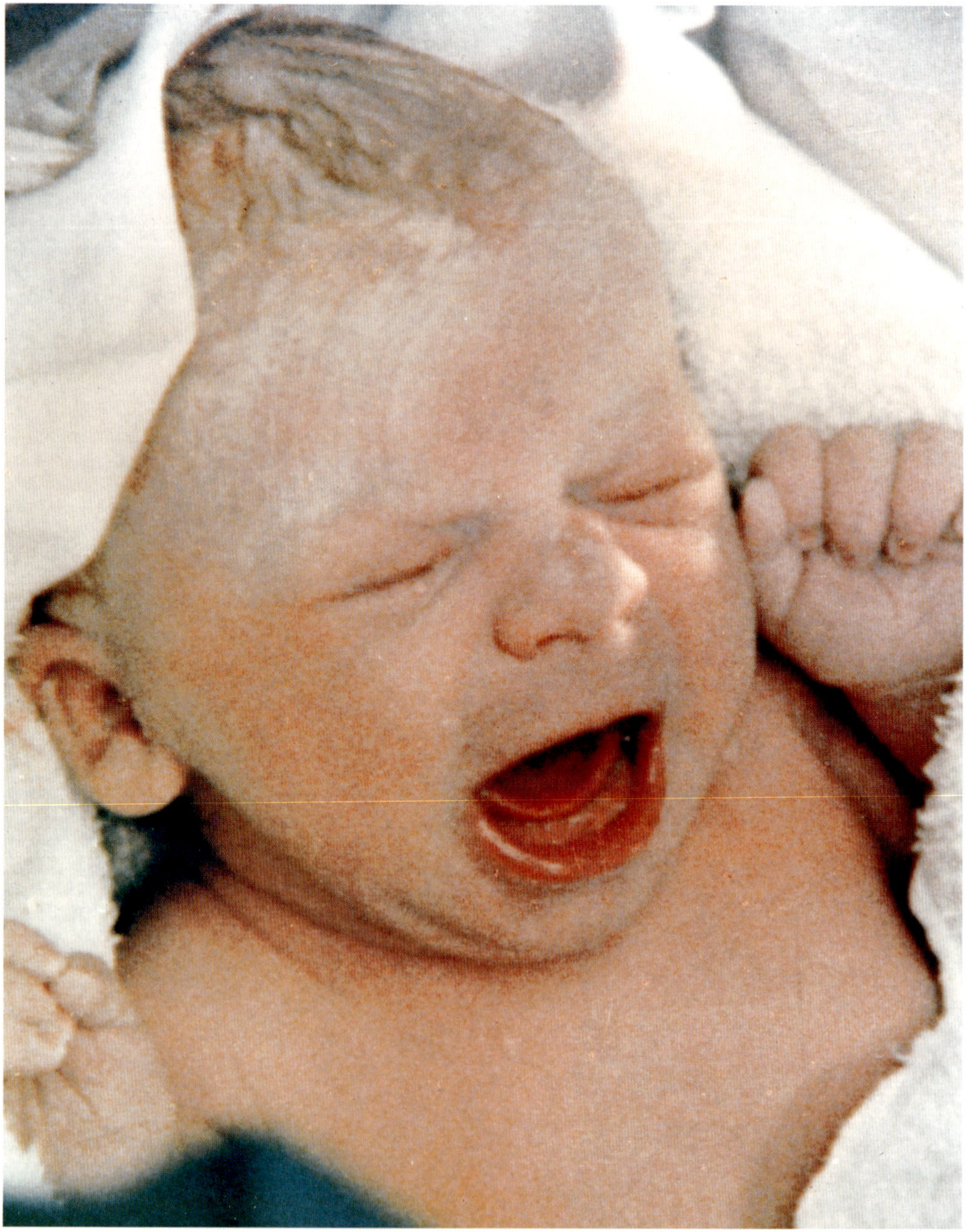

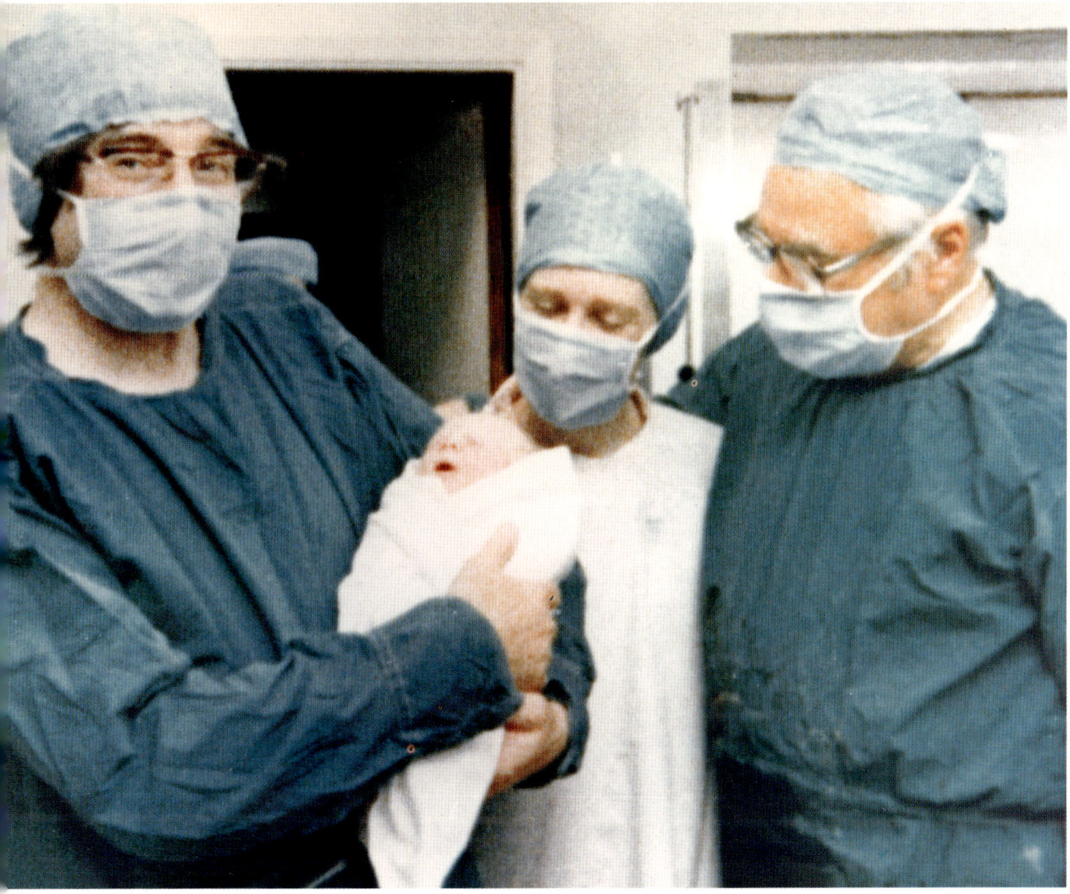

Louise Joy Brown, das **erste Retortenbaby** der Welt (*links*) wurde am 25. Juli 1978 im Oldham General Hospital in Lancashire geboren. (*Oben*) Das Ärzteteam: Physiologe Robert Edwards (links, mit Louise im Arm) und der Gynäkologe Patrick Steptoe waren Pioniere der In-vitro-Fertilisation. Es dauerte zwölf Jahre, bis die Methode zur Befruchtung außerhalb des Körpers perfektioniert war.

Präsident Carter betrieb 13 Tage lang eine intensive „Reisediplomatie“ zwischen den ägyptischen und israelischen Delegationen, um beim **Gipfel von Camp David** zwei wichtige Abkommen zu ermöglichen. Die Grundlagen für den ägyptisch-israelischen Friedensvertrag waren damit geschaffen.

(*Links*) Die Verhandlungspartner (von links nach rechts): der israelische Premierminister Menachem Begin, US-Präsident Carter und der ägyptische Präsident Anwar as-Sadat. (*Oben*) Nach Unterzeichnung des **Friedensabkommens** im Weißen Haus umarmen sich die ehemaligen Feinde, 18. September 1978.

Interview

Partygänger in New York. (*Oben*, von links nach rechts) Bob Colacello, Herausgeber des Magazins *Interview*, Jerry Hall, Andy Warhol, Debbie Harry (mit einem Magazintitel von sich hinter ihr), Truman Capote und Paola Picasso im **Studio 54**. (*Links*) **Yves Saint Laurent** und Nan Kemper feiern die Vorstellung des Parfüms Opium im South Street Seaport Museum.

(*Oben*) **Sid Vicious**, Bassist der Sex Pistols, auf der Bühne mit seiner Freundin, der amerikanischen Sängerin **Nancy Spungen**. Das Paar teilte eine zunehmende Heroinabhängigkeit. Am 13. Oktober 1978 fand man Spungen erstochen im New Yorker Chelsea Hotel. Sid (*rechts*) wurde verhaftet und angeklagt, sie ermordet zu haben. Er starb an einer Überdosis, während er auf Kaution frei war.

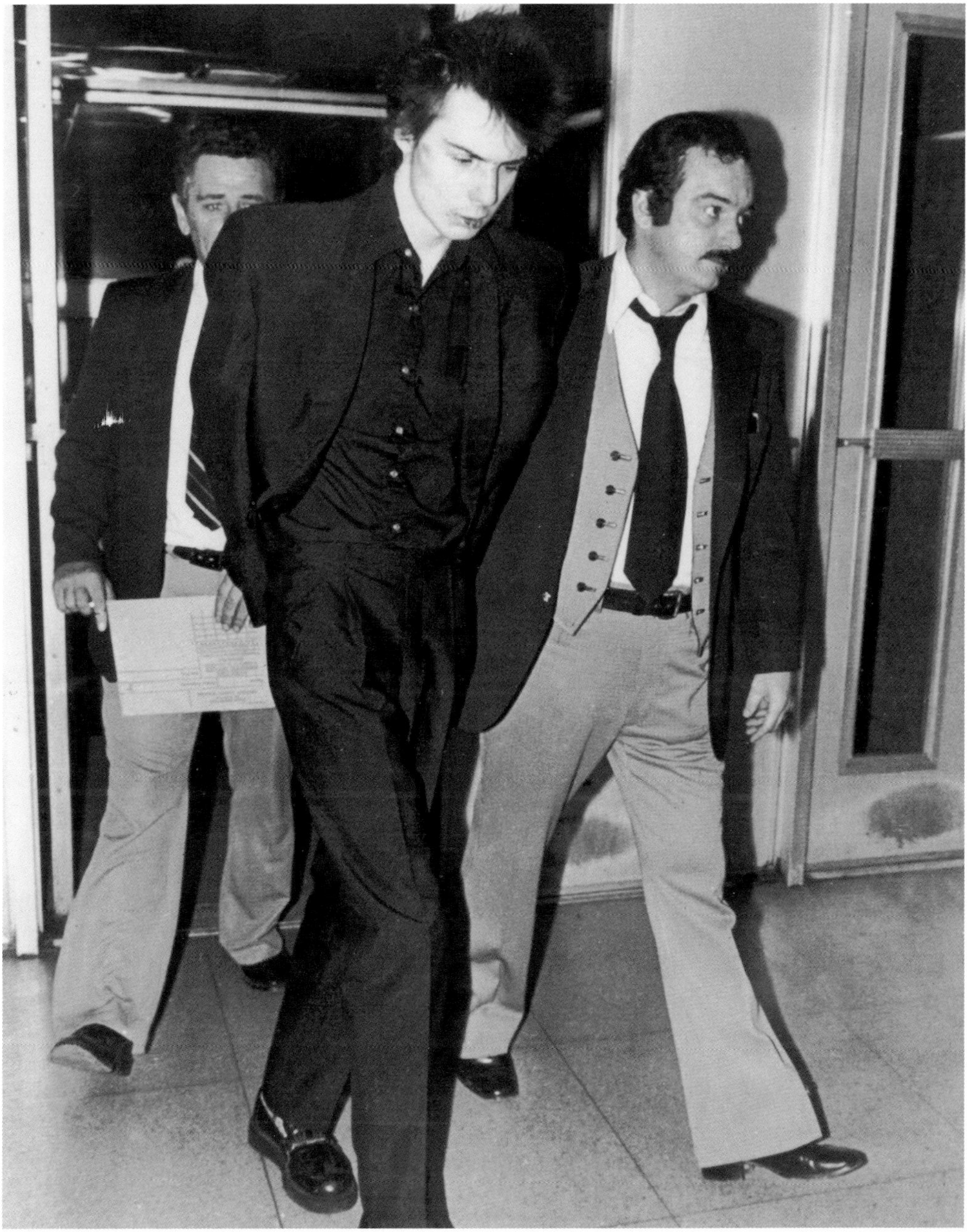

Nach dem Tod von Papst Paul VI. kam es zu einem der kürzesten Konklaven der Neuzeit. Albino Luciani, der Patriarch von Venedig, wurde am 26. August 1978 **Papst Johannes Paul I.** (*Oben*) Der polnische Kardinal Karol Wojtyla gratuliert Johannes Paul I. (*links*).

Einen Monat später starb Papst Johannes Paul I. an einem Herzanfall. Kardinal Wojtyla wurde als **Papst Johannes Paul II.** sein Nachfolger. Er war seit vier Jahrhunderten der erste nichtitalienische Papst. (*Rechts*) Der neue Papst bei seinem ersten öffentlichen Auftritt nach seiner Wahl, 16. Oktober 1978.

Wie bei vielen Revolutionen wirkten auch beim Sturz des Schah-Regimes mehrere Faktoren mit. Im Land, das zunehmend unter Armut litt, wuchs der Hass auf die Geheimpolizei SAVAK, die als Instrument der Unterdrückung empfunden wurde. Ein weiterer Aspekt war die weitverbreitete Überzeugung, der Iran könnte nur von den Mullahs, speziell dem im Exil lebenden Ayatollah Ruhollah Khomeini (*links*) befreit werden. Tonbandbotschaften des Ayatollahs waren ins Land geschmuggelt worden. Die Krise kam voll zum Ausbruch, als eine Streikwelle in den Schlüsselindustrien das Land Ende 1978 lahmlegte.

**(*Oben*) Ayatollah Khomeini begrüßt einen Besucher im Garten seines Hauses in Neauphle-le-Château in einem Außenbezirk von Paris, 8. November 1978. Es war die letzte Etappe eines 15-jährigen Exils.**

Ein Kommen und Gehen auf dem Teheraner Flughafen Mehrabad. (*Oben*) Mohammad Reza Pahlevi, Schah des Iran, beim Handschlag mit Premierminister Schapur Bakhtiar, zehn Tage, bevor er endgültig den Iran verließ. (*Links*) Der Schah geht ins Exil, 16. Januar 1979. (*Rechts*) Ayatollah Khomeini entsteigt der Air France Boeing 747 aus Paris, 1. Februar 1979.

BOEING 747

**(*Oben*) Wenige Tage nach der Abreise des Schahs bekunden Mitglieder der iranisch-islamischen Armee ihre Solidarität mit zivilen Demonstranten, die die Rückkehr des Ayatollahs fordern. (*Links*) Am Tag nach seiner Ankunft in Teheran nimmt Ayatollah Khomeini die Ehrerbietungen seiner Unterstützer entgegen. Premierminister Bakhtiar wurde nach einigen Tagen abgesetzt.**

Im Januar 1979 hatte man **Pol Pot** endlich von der Macht in Kambodscha vertrieben, nachdem das vierjährige Terrorregime der Roten Khmer mehr als eine Million Opfer gefordert hatte. Pol Pot und sein wichtigster Gefolgsmann Feng Sari wurden in Abwesenheit zum Tode verurteilt. (*Oben*) Eine mit Farbe beschmierte Büste von Pol Pot. (*Rechts*) Zahllose Stapel mit Schädel und Gebeinen von abgeschlachteten Kambodschanern sind Zeugnis von Pol Pots Barbarei.

Eine technische Panne, verbunden mit Fehlern des Personals, führte im März 1979 fast zur Kernschmelze des **Atomreaktors in Three Mile Island** in Pennsylvania (*rechts*). (*Ganz rechts*) Ein Freiwilliger des Zivilschutzes prüft die Radioaktivität beim Atomkraftwerk, 2. April 1979. (*Oben*) Präsident Carter (Mitte) und seine Frau besuchen die Anlage.

WOODRUFF

Am 27. April 1978 inszenierte die afghanische kommunistische Khalq-Partei einen Staatsstreich und tötete den Präsidenten Daud Khan. Das neue Regime wurde sofort von der UdSSR anerkannt, die Soldaten (*oben*) zur Unterstützung der kommunistischen Regierung schickte. Im Dezember 1978 unterzeichnete Moskau einen 20-jährigen Freundschaftsvertrag mit **Afghanistan**. Zwei Monate später wurde US-Botschafter Adolph Dubs entführt und erschossen. (*Rechts*) Junge Anhänger feiern in Kabul den ersten Jahrestag des kommunistischen Staatsstreichs, 28. April 1979.

(*Oben*) Expremierminister Harold Macmillan feiert seinen 85. Geburtstag im Carlton Club in London, 7. Februar 1979. Bei diesem Anlass präsentiert sich die Parteiführerin der Konservativen, **Margaret Thatcher**, als ergebene Jüngerin des Jubilars. Die Referenz hatte nur kurze Zeit Bestand, denn im Mai wurde sie Premierministerin und leitete eine Politik ein, die den traditionellen Torysmus bis ins Mark erschütterte. (*Rechts*) Margaret und Denis Thatcher nehmen vor Dowing Street Nr. 10 die Hochrufe ihrer Anhänger entgegen, 5. Mai 1979.

10

1976 trat **Jeremy Thorpe** als Führer der britischen Liberal Party zurück, nachdem man ihn homosexueller Beziehungen mit **Norman Scott** (*links*) verdächtigt hatte. Drei Jahre später wurde Thorpe der Anstiftung zum Mord an Scott beschuldigt. (*Oben*) Thorpe auf dem Weg zu seinem Prozess in Old Bailey in London, 18. Juni 1979. Thorpe wurde freigesprochen, doch seine Karriere war ruiniert.

(*Links*) **Fidel Castro** spricht vor der UN-Generalversammlung, 12. Oktober 1979. Seine viereinhalbstündige Rede bekräftigte den Willen der 95 bündnisfreien Staaten, dass internationale Beziehungen nicht länger auf „Ungerechtigkeit, Ungleichheit und Unterdrückung" aufbauen sollten. (*Oben*) US-Außenminister Cyrus Vance (links) applaudiert, als sich Jimmy Carter und Leonid Breschnew nach Abschluss des **SALT-II-Abkommens** in Wien die Hand reichen, 18. Juni 1979.

Die Rote Gefahr rückte näher an die USA heran, als 1979 nach 46 Jahren die Herrschaft des Somoza-Clans in **Nicaragua** ein abruptes Ende fand. General Anastasio Somoza floh aus dem Land, und die sozialistischen Sandinisten übernahmen die Macht. Zu ihren ersten Maßnahmen gehörten die Verstaatlichung der Schlüsselindustrien, Wiedereinsetzung der Menschenrechte und die Abschaffung der Todesstrafe. (*Rechts*) Innenminister Thomas Borge (Mitte, mit erhobenem linkem Arm) spricht in Managua zu der Menge auf der Plaza de la Revolución, 20. Juli 1979.

FSLN

Im Fadenkreuz irischer Terroristen. (*Links*) In diesem durch eine Bombe der Irish National Liberation Army zerstörten Auto starb **Airey Neave**, Nordirland-Sprecher der Konservativen, nahe Westminster, 31. März 1979. (*Rechts*) Die Beisetzung von **Lord Louis Mountbatten**, 5. September 1979. Mountbatten wurde durch eine Bombe der IRA beim Segeln im irischen County Sligo getötet.

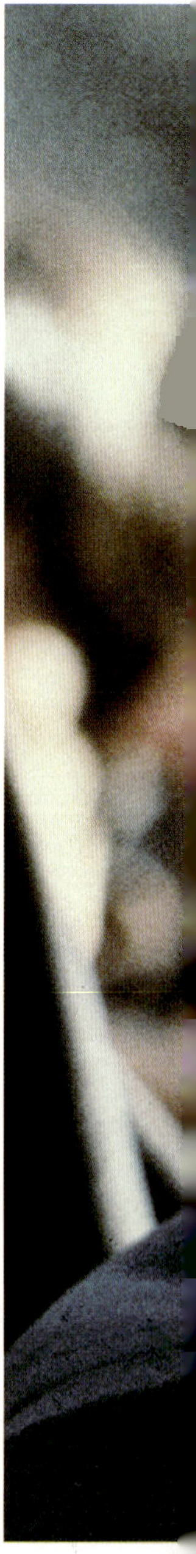

Zwei Wochen nach der Rückkehr von Ayatollah Khomeini wurde die US-Botschaft in Teheran angegriffen. Zwei Marines wurden verletzt. Es sollte ein Vorgeschmack auf kommende Ereignisse sein. Am 4. November besetzte eine gewalttätige Menge die Botschaft und nahm 70 Mitarbeiter und Marines als Geisel. (*Oben*) **US-Geiseln** mit Augenbinden werden vor der Botschaft vorgeführt, 8. November. (*Rechts*) Eine junge Demonstrantin bei einem anderen Protestmarsch, 29. November. Nach einem gescheiterten Befreiungsversuch im April 1980 kamen die Geiseln dann im Januar 1981 frei.

In **Rhodesien** gab es im April 1979 Wahlen. Premierminister Ian Smith (*rechts*) wurde zwar entlassen, doch die von ihm initiierte neue Verfassung führte zum Sieg der moderaten UANC unter Abel Muzorewa. ZANU und ZAPU, die beiden extremen schwarzen Gruppierungen hatten eine Beteiligung abgelehnt. Der Bürgerkrieg ging weiter. (*Oben*) Eine weiße Rhodesierin übt mit einer Maschinenpistole, 22. Mai 1979.

Das in Simbabwe umbenannte Land steuerte weiter auf eine völlige Unabhängigkeit zu. (*Rechts*) Robert Mugabe, Gründer und Führer der ZANU, trifft im Lancaster House in London zur Verfassungskonferenz ein, 10. September 1979. (*Oben*) Drei Monate später unterzeichnen Abel Muzorewa (links) und der britische Außenminister Lord Carrington das **Lancaster House Agreement**, 21. Dezember 1979. Ein Waffenstillstand wurde vereinbart, die Unabhängigkeit kam kurz danach, doch die Konflikte dauerten fort.

(*Rechts*) Der Designer, das Model und die Stoffbahnen sind echt, die Statuen und Ornamente sind Trompe-l'œil-Malereien. **Giorgo Armani** aus Mailand feierte mit seinem gerade gegründeten Modelabel internationale Erfolge, Mai 1979. (*Links*) Ein schwarzes Samtjäckchen kombiniert mit einem gemusterten Taftkleid von **Marc Bohan** für das Haus Dior.

(*Links*) Der Künstler, Umweltschützer und Atomkraftgegner **Joseph Beuys** bei der Arbeit im Guggenheim-Museum in New York, November 1979. Beuys verstand Kreativität als therapeutischen Prozess.
(*Rechts*) Der in Bulgarien geborene amerikanische Avantgardekünstler **Christo Javacheff**, im April 1979. 1979 war kein gutes Jahr für Christo, er konnte sein Projekt *Mastaba* aus 150 m hoch aufgetürmten Ölfässern nicht realisieren.

# Register *Die Seitenzahlen beziehen sich auf Textstellen.*